球技「速く走る」トレーニング

監修 藤牧利昭
横浜市スポーツ医科学センター

池田書店

球技「速く走る」トレーニング

CONTENTS

鍛《たん》錬《れん》期《き》のトレーニング 106

●構成・編集／別来二三
●撮影／齋藤豊、長尾亜紀
●イラスト／調布市民
●デザイン／矢野貴文（志岐デザイン事務所）

特別対談

速さの秘密

ベース間27.431mを走る能力か、打球に追いつくスピードか——。
野球選手に求められる「速さ」とは何か?
盗塁王4回など、走攻守すべてにおいてスピードを具現するプレーヤー・
石井琢朗に、その「速さ」の秘密を聞いた。

医学博士
藤牧利昭
×
横浜ベイスターズ
石井琢朗

石井琢朗【いしい・たくろう】

1970年8月25日生。

174cm75kg、右投げ左打ち。

足利工業高校を経て、1988年ドラフト外で大洋ホエールズ（現横浜ベイスターズ）に投手として入団。1勝4敗の成績を残すも、1992年に野手に転向し、1993年、98年〜2000年と盗塁王4回。2006年に川上哲治（元巨人）以来2人目となる、ピッチャーとしての勝ち星も持つ野手として2000本安打を達成。

野球は左まわりのスポーツ

藤牧利昭（※以下、藤牧と略す。敬称略）　今回は、「球技に必要なスピードを高めていくにはどうすればよいのか」をテーマに、お話を進めていければと思います。プロ野球選手は、他のスポーツ選手と比較して、もともと身体的に恵まれた方が多いのですが、石井選手はアスリート体型できちんとトレーニングをしていることが外から見ても分かります。恐らく身体能力に関しても深く考えていらっしゃると思うので、お願いしました。まず、第一に「スピード」についてどうお考えですか？

石井琢朗（※以下、石井と略す。敬称略）　すべてにおいて、スピードは意識していますね。僕みたいな体格の選手（身長174㎝）は、スピードが落ちたら無理かなと思うので。

藤牧　では、打って走ることからお聞きします。石井選手は、打ってから〝走る〟ことをあらかじめ想定しているのでしょうか。

石井　それは自然の流れかもしれないですね。右バッターと左バッターでは違うんですよ。野球っていうのは、バットを振ったあと1塁にしか走れない。もし野球が3塁に走るスポーツであれば、右バッターもイチロー君のような、走ることを想定した打ち方になると思います。あれは左バッターだからできる。それでも、同じ左バッターのイチロー君と松井秀喜君ではタイプが違いますね。

藤牧　石井選手は、タイプで言うとイチロー型？

石井　やっぱり、イチロー君に近いでしょうね。いわゆる「走り打ち」。ただ、走り打ちは良い方にも悪い方にもとられます。イチロー君のように、ヒットを量産すれば何も問題はないですが、実績の少ない選手があいう打ち方をして凡打の山を築くと、評論家の方々には「走り打ち」が悪いと言われます。

藤牧　やはり、きちんと振らないと打てないんでしょうか?

石井　そう思います。イチロー君は分からないですけれど、僕の中ではしっかり打ってから走ろうという意識はあります。ただ、ゲームでのバッティングをチェックすると、やっぱり走っているんですよね。きちんと振り切らないうちに、前に出ています。

藤牧　それは、調子の良し悪しで差が出ることはありますか?結果が出ないときには、どうしても早く走り出したくなるとか。

石井　いや、クセでしょうね。意識の中であせりとかもあるかもしれないですが、どうしても体重が前にかかりやすくはなっています。

打ったらすぐに走れるのは、左バッターだから為せるワザ。

次に「投げやすい」ようにボールを捕りにいく

藤牧 次に守っているときは、打撃に合わせた準備運動が必要になります。そのタイミングはピッチャーに合わせているのですか?それともバッター?

石井 ピッチャーのモーションに合わせて、リズムをつくります。

藤牧 また、ボールを捕りにいくときは、とりあえず捕るのですか?たとえば外野手だと、バックホームを考えながら捕るんでしょうが、内野手の場合は……?

石井 まず、捕りにいくことです。ただし、次にいかに投げやすいように入っていくかは想定しています。それはいろいろな打球に対応しながら身につけるものですね。

藤牧 石井選手のレベルでも、打球の方向で自分の苦手なところってあるんですか?

石井 あります。それは、視力も関係してくると思うんですよ。僕らスポーツ選手は、静止したものを見る視力よりも、動いているものを的確にとらえる動体視力が大切になってきます。人間には利き目があるので、バッターでも守備でも、右目と左目どっちで見ているかによって見え方が違って、死角ができるんです。だから右下が見づらい場合は、どうしてもカラダの真横なんかが死角になりやすい。

藤牧 それは、他のスポーツにも参考になりそうですね。

すぐにトップスピードに入れるように、カラダのどこかを動かしている

石井 動きにしても、静の状態から動の状態に動くということが多いので、ニュートラルな状態からトップスピードにポンといける爆発力のようなものが必要ですね。僕ら内野手では、近い距離から横に強い打球を打ってもらって、すばやく反応する練習をノックなどでしています。ただ、人間って止まっているゼロの状態から動くのは難しいですよね。だから、盗塁でもどこかしら動いていないとすばやくトップギアに入れない。動かすのはどこでもいいらしいですね。指先でもいいし、ガムを噛むのも動いているうち

年齢による限界は、
まわりがつくってしまうもの。
動きがシンプルになった分、
若いときよりカラダが動く。

に入るらしい。リードしている状態でも、歯を喰いしばっているよりも、そのほうが全然スピードが変わってくる。守備での構えも同じで、動いてないように見えても、どこか動かしていますね。

藤牧 石井選手は、どこを動かすように意識しているのですか。

石井 私の場合、とくにどこを動かそうかという意識はしていませんね。ポイントはカラダの反応ですが、目からの情報が出発点になっている。だから、目を鍛えることは大切です。車の運転でも、前の車が止まったらブレーキを踏むのと一緒で、まずは目が判断する。そのために、普段の生活の中でも、目がしっかり動くように意識しています。

下り坂を走ることで、野手に必要な「走り」が身につく

藤牧 ボールゲームの「走り」というのは種目で若干の違いはあれ、陸上選手の加速する動きと違って、止まったり、安定してリラックスさせて走らなければいけませんね。そこで、以前石井選手がホームページで、「速く走るにはどうしたらいいか」という質問に対して「下り坂を走る」ことをアドバイスしていたのが、非常に印象に残ってるのです。まさにその通りだと思うんですが、普通はだいたい登り坂を走らせますよね。下りを走れというアドバイスは、どういった理由から?

石井 ある程度、持久力やパワーをつけるのであれば、登りの方が効果的だと思いますが、野球で大切なのは瞬発力。ピッチャーは多少持久力も必要で、長い距離を走ったりしますが、僕ら野手は塁間27mをいかに速く走るかということが大事なので、下り坂で足の回転を速めて、それをいかにカラダに覚えさせるかを意識しています。

藤牧 下り坂を走ることで、力を使わずにヒザや腰をリラックスさせた走り方も自然に身につきますよね。それは、ご自身の経験から?

石井 トレーニングコーチのアドバイスからです。ただ、教えていただいたものの中にも、自分に合うもの、合わないものがあるじゃないですか。このトレーニングは自分に

5

合っているなと。

藤牧　トップ選手は、いろいろなアドバイスを受ける中で、自分に合ったもの、よさそうなものを的確に選択していきますよね。

石井　ただ、僕はプロに入ってから野手に転向したので、野手のトレーニング方法っていうのははっきりいってゼロの状態だったんです。だから、はじめは全部取り入れて、いっぱいになったときに、徐々に取捨選択していったんです。やってみないと分からないものもあるので。

藤牧　なるほど。バッターに転向したことをうまく生かしていたんですね。

石井　ピッチャーでも嫌というほど走っていたので、走ることに関しては抵抗はなかったんですよ。野手になっても、走ることが基本になっていました。今は長い距離は走らなくなりましたが。

適度に力を抜くことも大切

藤牧　野球は、持久力が必要なスポーツではないですもんね。

石井　サッカーなどと違って、味方チームが攻撃のときは、自分の打席ではない限り、ベンチで休んでいますよね。サッカーはずーっと走っているので、持久力と瞬発力と両方なければいけないと思うんですが。野球の場合は、ピッチャー以外は持久力がそれほど必要ではないですね。

藤牧　サッカーでも、いい選手は適当に力を抜いていますよ。90分本気で動いては、プレーできない。

石井　そう思います。野球は、比較的休みが多いスポーツだと思いますが、守備でも休めるところは休んでいます。だから、抜くのがうまい選手はいい選手だなと思いますね。

年齢を重ねるにつれ、ムダな動きがなくなってきた

藤牧　打球の方向で苦手なところがあるという話でした。それは、若い頃に徹底して苦手な場所に打ってもらったりして、克服していったんですか?

トレーニング方法は、一度全部試してから自分に合ったものをとり入れていく。

石井　そうですね。いろいろなことをやりながら、ここへきてやっと、足の運びがうまくなってきたかなという感じです。最終的にボールを捕るのはグローブなんですが、それまでの過程においては〝足の運び〟っていうのがすごく重要なんで、「足で捕る感覚」の方がうまく捕れますね。

藤牧　それは、ヒザや腰など、カラダ全体が連動しているということでしょうか?

石井　もちろん、腰は人間のカラダの中心で大事ですが、とくに僕ら内野手っていうのは、腰よりも足首とヒザのやわらかさが重要ですね。足で打球に対応している。それとは別に、力の抜き方だったり、カラダの動かし方というものを覚えました。若い頃はとにかくムダな動きが多かったんですが、疲労や故障が蓄積する中でそれがなくなりました。逆に動きがシンプルになった分、若いときより動けるというか。年齢による限界は、まわりがつくってしまうものなので、僕自身は意識していません。

藤牧　動きを見ていると分からないんですが、ご自身の中では、若い頃は力任せに動いていたのが、スムーズに動けるようになったということですね。そうなった原因は何かありますか？

石井 動くのが億劫になったっていうのが一番のきっかけですかね（笑）。若いときは調子が悪くても、練習もゲームもこなして、それでもゲームのパフォーマンスは落ちなかった。けれども、年齢を重ねていくにつれ、どうしても同じ量をこなすとゲームのパフォーマンスが落ちてしまうと感じたときがあったんです。やはり、僕らはゲームで結果を出すことが第一なので、そのためにどうするかを考えたら、練習で動く量を少し下げることで調整する。全体的な量を落とすというよりは、練習量をおさえて、その分カラダのケアに時間を割くといったことで、ゲームに対するパフォーマンスは上がってきたかなと思います。

藤牧 それは大事なことですね。プレーでも1日でも、ムダな動きや練習をなくして、良いパフォーマンスを求めるということですね。プレーでのこだわりはありますか？

石井 僕は、ショートを守っていますが、三遊間の深いところで打球を捕ったとき、1塁にワンバウンドで投げれば、ミスもなくて確実にアウトに出来る。でも、それって下半身も肩も使わず楽をしている。だから、僕がプロとして心がけているのは、楽をしないで、全部ノーバウンドで投げようということです。

藤牧 良く解ります。そのプレーを見せるためなのですね。

石井 そうですね。プロとして、僕の中での見せ場だと思っています。

◎取材協力=横浜ベイスターズ
◎撮影=長尾亜紀　◎取材・構成=編集部

PART1

スピードを制する者がゲームを制する

ボールゲームのフィジカル——

戦術重視の影に隠れた、フィジカルの大切さ

ボールゲームは「走る」スポーツ

２００6年6月、ドイツで開催されたサッカーワールドカップで、「走ることの大切さ」がメディアに盛んに取り上げられていたことは、記憶に新しいだろう。

テレビの画面には、ブラジルに代表される強豪国が、相手ボールを奪った瞬間にわずか10秒足らずで数10メートルを駆け抜け、ダイレクトでボールをつなぎ、ゴールを決めるシーンが幾度となく映し出された。

同様に野球のシーンでも、日本を代表するメジャーリーガー・イチローが、走攻守で類《たぐい》稀《まれ》なスピードを武器に、素晴らしいプレーで私たちを日々楽しませてくれている。足で稼《かせ》いだヒットを積み重ねて、シーズン最多安打２６２本（２００４年）を達成したことは、非常に印象深い。

またテニスの世界トーナメントを見ると、男子のトップクラスともなれば、時速２００キロを超えるサーブに対して、レシーバーは右へ左へとすばやく動きまわることが要求される。

その他にも、体育館でおこなわれるバスケットボールやハンドボール、あるいはラケットを持ってボールを追うテニスや卓球……それらすべてのスポーツにおいても、当然のことながら、走ることが常に必要とされるのは言うまでもない。

つまり、ボールゲーム（※本書では、ボールを扱うスポーツ、球技を総称して「ボールゲーム」と呼ぶことにする）にとって、走ること、すばやく動くスピードは、絶対に不可欠なものといってよいだろう。

けれども、日本のスポーツ指導の現場を見ると、ゲームに勝つことを優先するあまり、チーム戦術やテクニックに頼りすぎているように思えてならない。その結果、本当に大切なものである根本的な〝速く走る力〟というのを、見落としがちなのではないだろうか。

たとえばテクニックの話であるが、サッカー王国ブラジル代表の司令塔ロナウジーニョは、ノールックパス（パスを出す方向とは別の方向を見ながらパスを出し、相手を惑わす）や一瞬のフェイントで相手を抜き去り、決定的なシーンを次々と演出している。

彼は世界屈指のファンタジスタであり、ずば抜けたテクニックの持ち主であることは言うまでもないだろう。

しかし、ジュニアのコーチが彼のことを子供たちに伝えるとき、

「フェイントがうまいのは天性」

「あのキックは持って生まれたもの」

と、頭からセンスが為せるワザとの話に持っていき、別格扱いしてしまえば、「ではどうすれば良いのか」という次のステップに話が進まなくなってしまうのである。

同じように戦術（＝戦い方）にしても、そればかりをコーチが指導していくと、チーム

が試合に負けたときに、
「全体のバランスが悪く、チームがうまく機能していなかった」
あるいは、
「選手交代で流れが変わった」
などと言っていると、負けた理由がどんどん曖昧《あいまい》になって、選手も次に何をすべきかが、ボヤけてきてしまうに違いない。

スポーツの世界では、もちろんテクニックや戦術は、非常に大切な要素だ。けれども、そこで本当にチームを強くしようとするのなら、もっともベースとなる選手1人ひとりのフィジカル能力（身体能力）を見直すことの必要性を感じずにはいられないのである。

先程のロナウジーニョにしても、バランスよく、かつ鍛え抜かれたフィジカルがあるからこそ、あれだけの高度なプレーを私たちの前で見せてくれているのである。

フィジカルとは、単にカラダの大小を指すものでもなければ、ただ筋力が発達していることを指しているものでもない。いわゆる身体能力そのものだ。そして、そのフィジカルの中で、ボールゲームではスピードが最も大切と思われるのである。

スピードと言っても、100メートルを何秒で走れるかといった、単なる最高速が速いというだけではなく、短い距離を一気に加速していく能力や、反対に瞬時にスピードを制

ロナウジーニョのノールックパス

パスを出す方向と別の方向を見ながらボールを蹴る
「ノールックパス」も、鍛え抜かれたフィジカルがあって
こそ為せる技だ

御する減速能力、あるいは相手プレーヤーからのプレッシャーにも負けない走りの強さというのも必要になってくるだろう。

そこで、本書はボールゲームに必要な「スピード」を説明していくとともに、それを身につけるためのポイントを探っていきたい。

フィジカル能力の差がプレーにあらわれる

サッカーやバスケットボールなどの攻撃と守備がめまぐるしく入れ替わるボールゲームでは、1対1の場面が当然のことながらあちこちで見られる。そのとき、突破しようとするオフェンス側のプレーヤーと、それを抜かせまいとするディフェンス側のプレーヤーが次のプレーを読み合いながら、しのぎを削っている。ある意味、プレーする側も最大の見せ場ともいえるシーンだろう。

そこで思い出されるのが、かつてNBAで大活躍した名プレーヤーであるマイケル・ジョーダンのプレーである。

現役時代、彼がボールを持ち、左ヒザをちょっと右に振っただけで相手ディフェンスはその方向へ振られ、抜かれてしまうというプレーをよく目にしたものである。

そのときディフェンスの選手は、自分にとってジョーダンのヒザが動いた方向である左

（ジョーダンにとっては右）を抜かれると思い動いた瞬間、その逆を抜かれてしまうのである。

けれども、そこで「ジョーダンは、フェイントのかけ方がうまいから」と言ってしまえば、その本質を見誤ってしまうことになりかねない。

相手ディフェンスは、みなジョーダンの動きのスピードが速いことを知っていて、なおかつフェイントをかけてくることも予測の内にある。

つまり、フェイントかも知れないけれど、ヒザが動いた時点ですぐに対応しなければ、確実に自分が抜かれてしまうことをわかっているわけだ。

そこで〝早め〟に対応した結果、次の瞬間に抜き去られてしまうのである。

相手ディフェンスは予測しても、同時に動いたのでは対応しきれない。これは明らかにフィジカル能力の差なのである。

もしも、ジョーダンにそのスピードがなければ、ディフェンス側もヒザの動きに惑わされることなく、動くのを待って次の対応ができたことだろう。

マイケル・ジョーダンの“速さ”

ヒザを少し動かしただけで相手が振られてしまうのは、「フェイントがうまい」だけではなく、相手がジョーダンの動きの速さ、さらにシュートに入る速さを十分知っているからだ。つまり、速さ自体が、相手にとってすでに驚異となっているのだ

ボールゲームに必要な走りの〝強さと速さ〟

基本的にどんなボールゲームであっても、遅くていいということはありえない。むしろ速くなければ、勝負にならないともいえるだろう。さらにボールゲームの中でも、ラグビーなど相手との接触の多いコンタクトスポーツとなると、速さの中にも「強さ」という要素が必要になってくる。

ラグビーの世界で、ニュージーランドのオールブラックスといえば、100キロを越す大男たちが、グラウンドをパワフルに駆けまわり、次々とトライを決めていくスーパーチームである。

ラグビーというスポーツは、ある程度ぶつかり合いながら動いていくため、腕をつかまれたり、強烈なタックルを受けながらも、ぐらつかないで走らなければならない。

オールブラックスのトップ選手たちは、そういう意味で「強い」。相手にぶつかられてもバランスを崩さないだけの、フィジカルの強さを持っているのだ。

このようにコンタクトスポーツでは、「速い」というのが原則にあって、さらに衝撃に強い走りも求められるのである。

それには、タックルを受けたときの衝撃からくる力の逃し方というのも大事になってくるが、まずはカラダ全体の頑丈さ、すなわちフィジカル能力の強さが求められてくるのである。

ボールゲームに必要な「走る力」

スピード

スピードといっても、陸上などの短距離走と違い、「最高速」が速いことではない。ボールゲームにおいては、加速する力や、スピードを制御する力を備えた速さが必要

＋

強さ

ラグビーなどのコンタクトスポーツの場合は、「強さを兼ね備えた速さ」が不可欠になる。相手にぶつかられてバランスを崩しては、それだけでスピードも落ちるので、あたり負けしないカラダをつくっておくことも大切

ボールゲームの強さと速さ——

「ボールゲームに必要なのは、100メートルを速く走る能力ではない」

ボールを扱うことが前提となるボールスポーツの走り

ここまで、戦術やテクニックに比べてやや見落とされがちと思われる、スピードとそのベースとなるフィジカル能力を高めていくことの大切さを紹介してきた。

そこで次に、ボールゲームに求められる「スピード」とは何かを考えていきたい。

まずボールゲームで求められるスピードであるが、いわゆる〝足が速い〟こととは少しニュアンスが違うということを知っておきたい。

たとえば、「足が速い」と言われて誰しも思い出すのが、50メートル走や100メートル走といった陸上の短距離走になるだろう。

しかし、陸上の短距離走の場合は、スタートダッシュから100％の力で行けるところまで走るのか、それともスタートでは力を95％くらいに抑え、ゴールに向けての追い上げで100％にしていくのかといった走り方の選択はあるにせよ、基本的に自分の能力を最大限に出して走ることを考えている。

ところがボールゲームの場合は、野球にしても、バスケットボールにしても、テニスにしても

「ボールを扱うために走る」

「プレーをする」

というのが大前提になってくる。

そのためには、自分がボールを扱える範囲のスピードで走り、プレーをしなければならないのである。

つまり、陸上の短距離走は100％かそれに近い走りであるのに対し、ボールゲームでの走りは、ボールを扱えるスピードというのが大きな特徴になってくるのだ。もちろん、サッカーのゲームなど、ゴール前でフリーでボールを持っている相手選手に対して、全力で走ってマークに向かうシーンもあるが、それでも相手の近くに行ったら、マークのための減速が必要となる。

たとえば、サッカーで自分がボールを持ってドリブルをしているとき、ただ速ければよいとばかりに全力疾走をしても、ボールが足につかず、突破するどころかキープもできずに、相手にボールを奪われてしまうだろう。

そこでは、あくまでボールが自分の足元にある状況で、どれだけ速いスピードを出せるかどうかということが求められているのである。

バスケットボールのドリブルもまったく同じで、自分の手からどれだけボールをカラダの近くで扱えるかということが重要になり、なおかつボールを運びながらも動き（スピード）に変化をつけられなければ、相手が脅威を感じるようなドリブルにはならないのである。

つまり、ボールが自分から離れないことが基本になり、さらに相手を振り切れるかどうかを常に念頭において走ることが求められてくるのである。

その点からすると、ボールを手で扱うのか、足で扱うのかという違いこそあれ、バスケットボールとサッカーで求められる走り（スピード）は、よく似ているといえよう。

陸上とボールゲームの走りの違い

陸上競技の短距離走の場合、トータルでタイムをどれだけ短縮できるかが勝負になる。一方、ボールゲームの場合は「相手にボールをとられないためにどう動くか」が大切

ボールゲームに必要な走りの中の「ゆとり」

アメリカンフットボールの中で、ランニングバックとならび走力が重視される〝ワイドレシーバー〟というオフェンスのポジションがある。

いわゆる味方のクォーターバックが投げたボールを走りながらキャッチし、さらに相手陣地へ少しでも切り込んでいくというのがその仕事になる。

そのとき、当然のことながら相手守備陣は、キャッチやランを妨害するような動きをするわけだ。

ワイドレシーバーもボールの落下点に向けてまっすぐ走ったり、キャッチ後も単に走るだけでは、相手守備陣に防御されてしまう。

そこで、ディフェンダーをよけたり、1歩でも前に出たり、相手の裏をかくような走りが必要になり、インターセプト（横取り）されないためにも、相手をよけられる状況で走らなければならないといえよう。

つまり、ここでもサッカーやバスケットと同様に、ボールを扱えるスピードというのがポイントとなるのである。

そこで、プレーヤーにとって大切なのが、「走りの中でのゆとり」になるのだ。プレーができて、なおかつ動きを変化させられるだけのゆとりを持った走りというのが、ボールゲームではキーポイントになってくる。

そこがまず陸上競技の走りとの決定的な違いであり、だからこそボールゲームにおいては、一生懸命走る練習だけをしていても実戦につながる「走る力」は身につかないのである。

ボールゲームに求められるスピードの条件

条件1
ボールが、自分のカラダから離れずにキープできる範囲での速さ

条件2
変化のある速さ

ボールを扱うことが大前提となるボールゲームでは、ボールをキープしつつ、スピードを変えて相手を翻弄することが重要。そのためには、プレーができて、なおかつ走りを変化させられるだけの「ゆとり」が必要になってくる

瞬間、瞬間のスピードの変化

それでは、ボールゲームにとって必要な走りとは、どのようなものになるのだろうか。

細かく見ていけば、それぞれの競技によって多少の違いは出てくるが、

「どれだけの力を、どれだけの時間で出せるか」

という点が第一に挙げられるだろう。

いわゆる〝走り〟でいえば、いま自分が持てる最大のスピードを、いかに短時間で出せるかという能力である。

その点からすると、たとえば最高速が時速30キロの人よりも、時速35キロの人の方が、当然能力は高いといえ、同じように短時間で20キロを出す場合でも、10メートルでそのスピードに達する人と、5メートルでそのスピードに達する人では、明らかに後者の方が〝走る力〟を備えているといえる。

たとえば、バスケットボールなどでよく見られる「1対1」の場面では、自分の肩を先に相手の肩の裏に入れたら勝ちだといえるだろう。肩を入れてしまえば、相手の動きをブロックすることになり、その後、相手がスピードを出したとしても、追い越されにくく優位なポジションをキープできるからだ。たとえ、同じようなスピードで動いたとしても、肩が入らなければ抜いたことにはならない。

平均身長が2メートルを越すNBA選手の中にあって、身長165センチながら抜群のシュート力を誇るアール・ボイキンスは、まさにこの「スピード」を武器とするプレーヤーである。

ボイキンスの場合、並外れたスピードで一気に相手の後ろに入れるので、余裕を持って次のプレーができる。そのため、シュートの精度も高いのだといえよう。

けれども、それらの能力が高く、単に〝短時間で、より速く走れる〟だけでいいかといえば、ボールゲームにおいては必ずしもそうとはいい切れないのである。

世界のサッカーシーンで、いまや

肩を入れるボイキンスの速さ

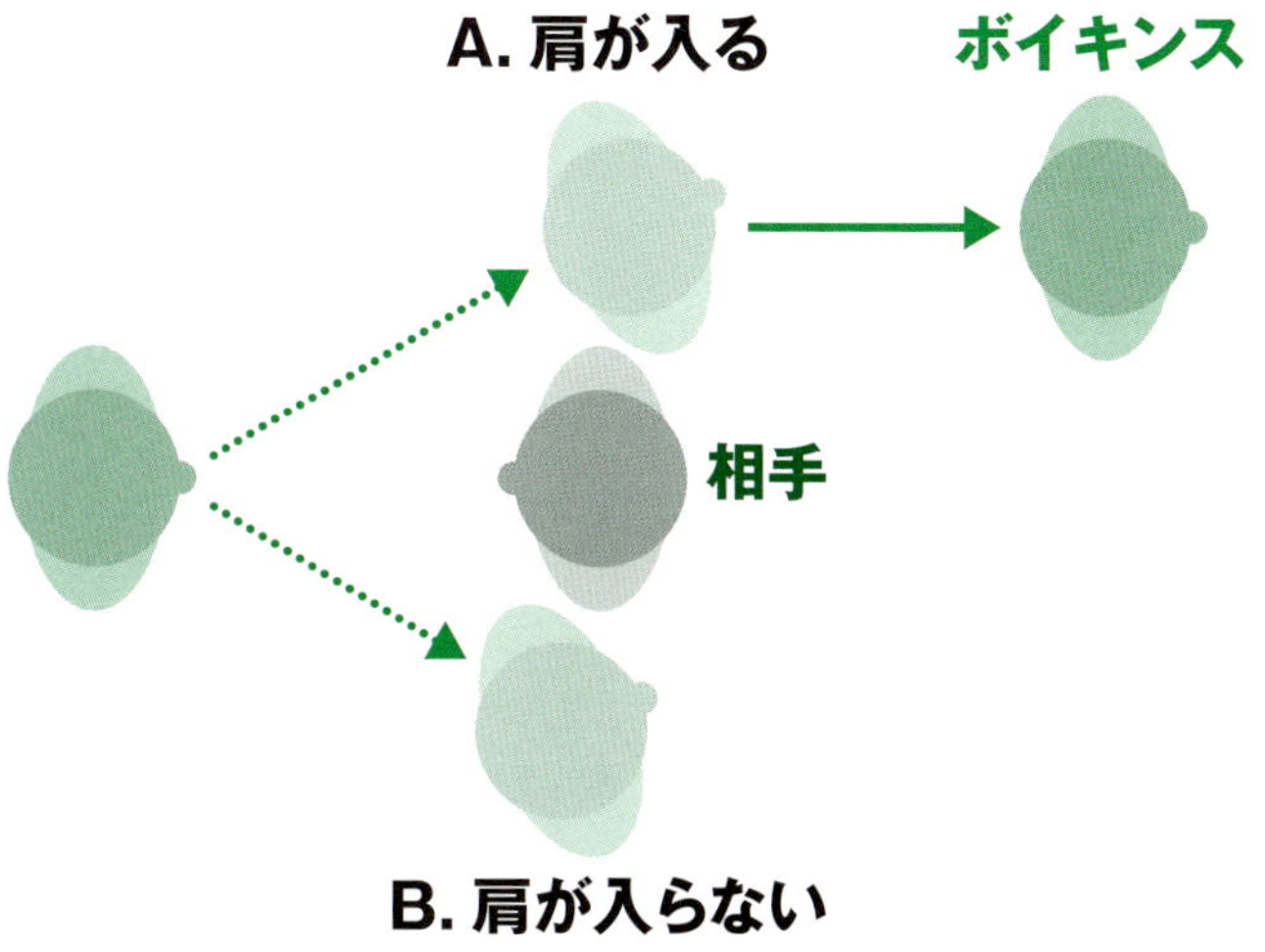

同じ位置まで動いても、相手の肩の裏に入れるAと入れないBでは、その後のプレーが違ってくる。ボイキンスの場合、一気に図の位置までいけるので、余裕を持ってプレーができる。

伝説のプレーヤーともなっているアルゼンチン出身のディエゴ・マラドーナのプレーをビデオなどで見るにつけて、大切なポイントが浮かび上がってくる。それは、テクニックというよりも、

「瞬間、瞬間のスピード変化」

なのである。1対1の場面で、マラドーナは急激なスピードダウンで相手のバランスを崩し、次の瞬間に再び加速をすることで、あっという間に相手を置き去りにしていく。

ボールゲームの場合、相手に予測される動きをしていたのでは、すぐにボールを奪われてしまう。相手の不意をつき一瞬で抜き去るには、急激なスピード変化が必要となるのだ。

マラドーナの突破の秘密

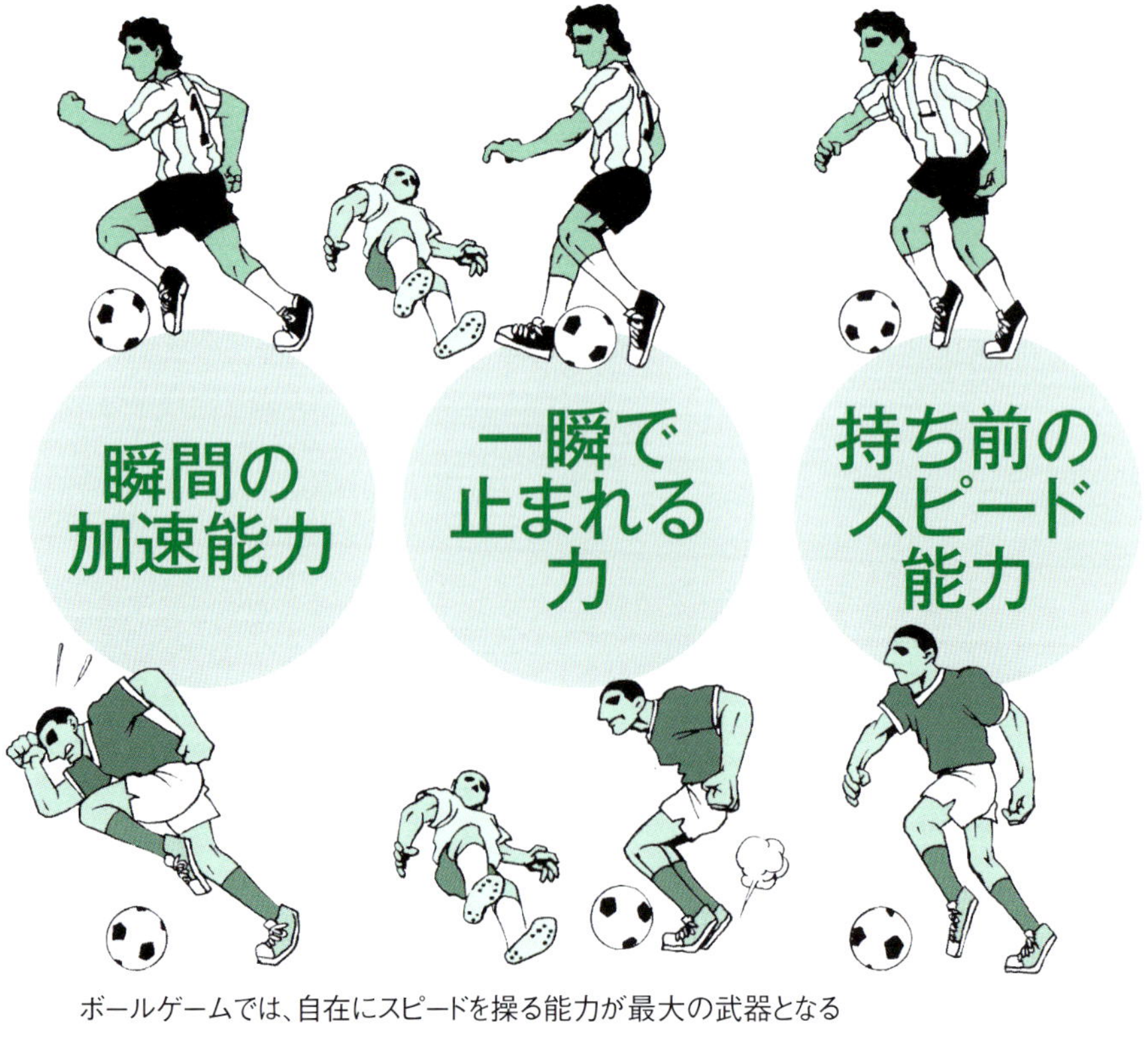

ボールゲームでは、自在にスピードを操る能力が最大の武器となる

カラダの中にギアを作る

それでは、いかにして瞬時に走るスピードを変化させればよいのだろうか？

たとえば、私たちがギア付の自転車に乗ったとき、急な坂道にさしかかったところで、その坂に合ったギアにチェンジするし、スピードに乗ってきたところでは、高速に対応したギアに変えていくはずだ。

これと同じように、人間も走りの中で加速や減速をするときは、あたかもギアを変えるかのごとく走り方を変えて、スピードに対応しているのである。

実際には、カラダの中にギアがあるわけではないので、上半身の前傾や腕振り、あるいは歩幅や踏み込む力によって変えているといえよう。

そこで大切になるのが、普段のトレーニングの中で、カラダの中にギアを作っていくことをイメージすることだ。

そして、いつどんな時でも「ギアを変えてスピードを変化させる」ことを意識しながらプレーをしたい。

すると、自転車のような変速ギアがあるわけではないが、自分で自分の走りがコントロールできるようになってくる。

先程のマラドーナに対したディフェンダーも、もちろんトッププレーヤーであり、瞬時にギアを変えマラドーナの動きに対応していたに違いない。しかし、その選手でさえマラドーナの動きについていけなかったのは、マラドーナがその上をいくギア性能を備えていたからに他ならないだろう。

当時の映像を見ても、走り方を変えずに、瞬時に加速・減速をおこなっている。それに対し、相手ディフェンダーはバランスを崩している。これは、あたかもギアを変えないままスピードを変えられるという、彼の類稀《たぐいまれ》なフィジカル能力の高さを物語っているシーンともいえよう。

それは結果として、幾多の突破シーンを私たちに見せてくれたのである。

カラダの中にギアをイメージして走る

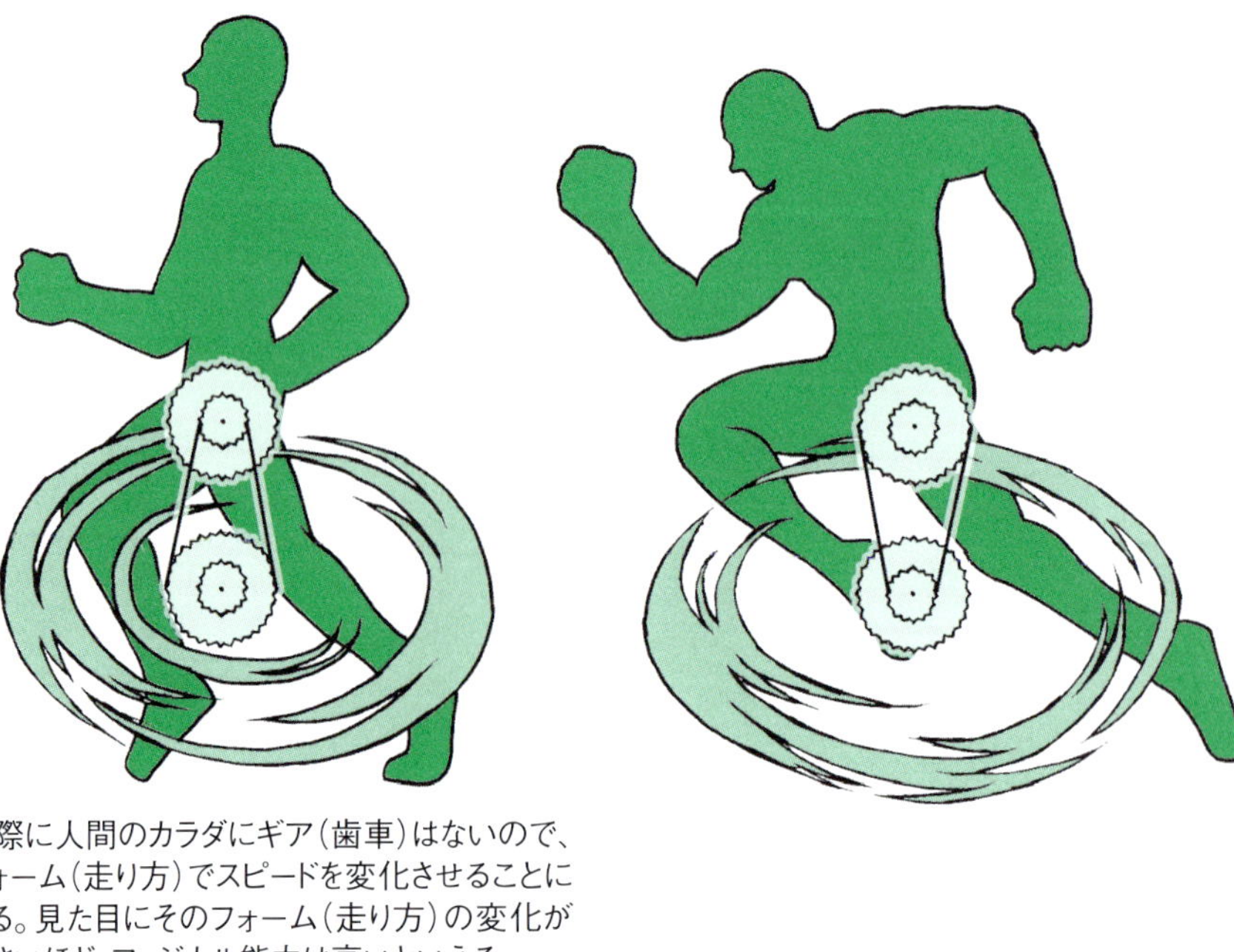

実際に人間のカラダにギア（歯車）はないので、フォーム（走り方）でスピードを変化させることになる。見た目にそのフォーム（走り方）の変化が小さいほど、フィジカル能力は高いといえる

写真／清水和良

いかに少ない動作でスピードを変化させるかが走りの決め手となる

ここまで説明してきたように、ボールゲームに必要な「走る力＝スピード」は、走るとともに「ボールを扱う＝プレーをする」がゆえに、陸上競技の短距離走のごとく、単に全力で走ればいいというものではない。

ボールを扱える範囲のスピードで走ることが前提であり、〝相手を振り切りたい〟〝1歩先でボールをもらいたい〟といった状況によって、瞬時にスピードを変化させることや、あるいは「ゆとり」というものも必要となってくることを説明してきた。

そのためには普段の練習の中で、自在にスピードを変えられるだけのギアをカラダの中につくり、それを意識してコントロールできるようにしていくことが大切になってくる。それが、「走る力」を備えたフィジカルというものになってくるのである。

そこで、次にボールゲームにおける走りについて、見方を変えて説明したい。

たとえばラグビーには、ボールを持って相手陣を突破していくバックスと呼ばれるポジションの選手がいる。

その選手がボールを持って走っていくシーンを見ると、大きく分けて3つの動きによるものだということがわかる。

それは……、

「加速・減速・方向転換」

である。

これらは、ラグビーに限らず、あらゆるスポーツに共通する動きといえるだろう。

まず加速と言えば、走っていく方向にスピードを上げていくことがイメージされる。

それに対して、減速は文字通り走っているスピードを一気に落とすものだが、物理学的には、逆方向への加速と言える。

そして方向転換は、それまで加速していた方向に対して、横や斜めといった別の方向への加速ということになる。

ボールスポーツに必要な、3つの「走る力」

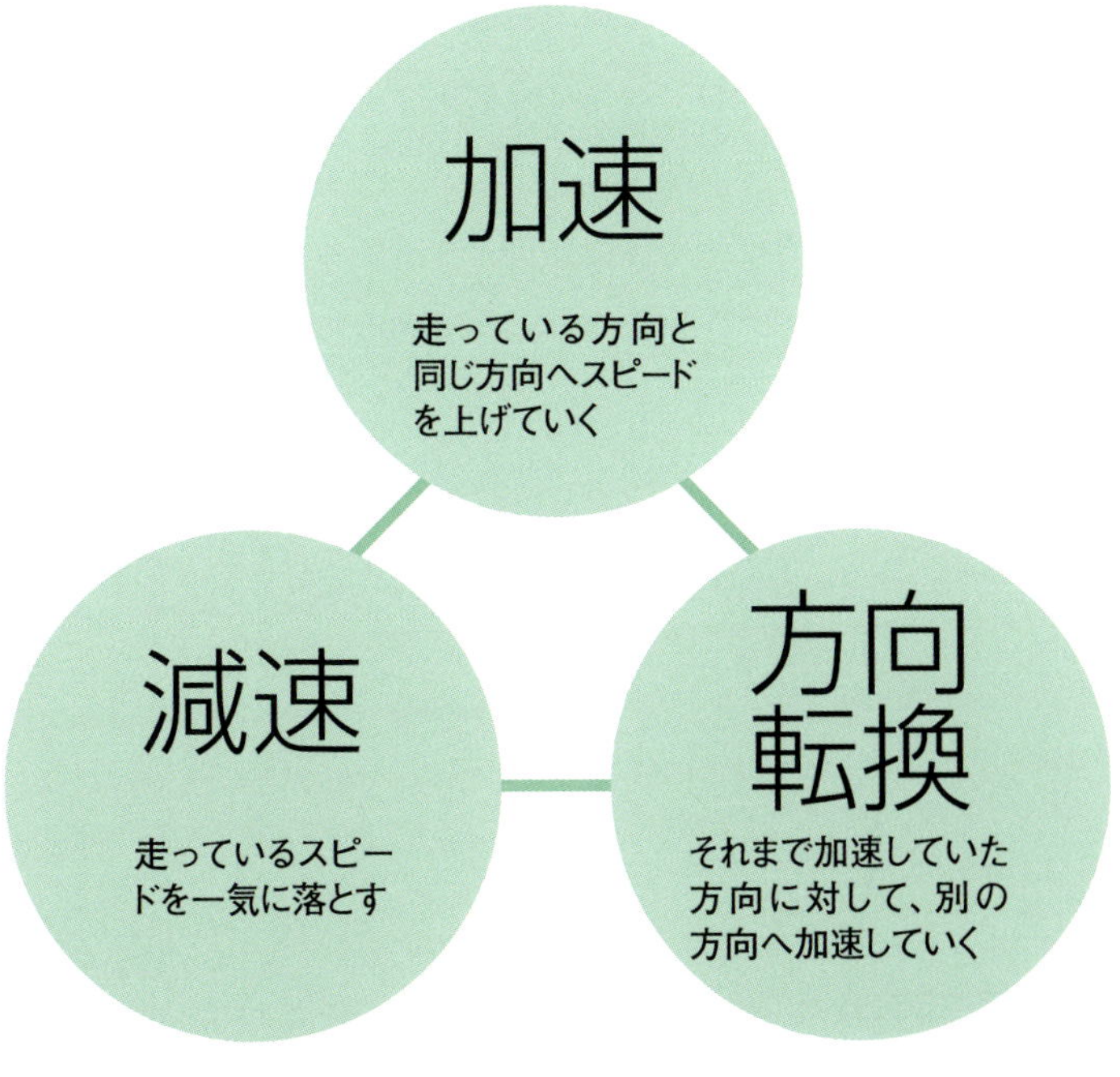

つまり、「加速・減速・方向転換」とは、現在のスピードに対して、あるいは進行方向に対してどう力を加えるかの違いであって、物理学的にはいずれも「アクセレレーション」なのである。

走りの変化には、この3つがあって、状況に応じて使い分けているということも、しっかり覚えておきたい。

ロナウドの速さの秘密は、体勢を変えずにスピードを変化させる能力

様々なスポーツシーンの中で、よく使われている言葉に「トップスピード」というものがある。

たとえば、サッカーブラジル代表の点取り屋・ロナウドのプレーを、「トップスピードに入るのが速い」などと表現しているが、一体何を指してそういうのであろうか。

100m走であるなら1番スピードに乗っているところになるが、サッカーの場合は、どこを指してトップスピードというかを特定するのは難しいだろう。

サッカーに限らず、ボールゲームの加速の特徴は、陸上競技のような止まった状態からゼロ発進するものではないということだ。つまり、常に動き続けている中での瞬間的な加

速が必要になってくるのである。

これは車でいうところの、「追い越し加速」になるだろう。ロナウドのドリブル突破のシーンを見ると、相手を抜きにかかった瞬間から、抜き去った後も同じ体勢（フォーム）のまま、相当のスピードまであげているのが分かる（マラドーナと同様、ギア性能の高さを感じることができる）。

これはまさに、最終的なスピードそのものが速いというよりも、〝追い越し加速能力〟が優れているからだといえるだろう。

一方、同じブラジル代表のサイドバックをつとめるロベルト・カルロスは、ロナウドとややタイプの異なる走りといえるだろう。

スタートダッシュや、スピード変化への対応性はロナウドに比べればやや落ちるかもしれないが、トップスピードそのものが高い次元にある走りを見せる。

したがって、それぞれの走りの特徴を考えれば、ロナウドが相手のゴール前の狭いスペースの中でプレーするフォワードで、ロベルト・カルロスがピッチを自陣から敵陣へとタテに大きく走るサイドバックというのも、間違いなく能力を発揮できるポジションであるといえよう。

サッカー選手のプレースタイルと走りの特徴

ロナウドはペナルティエリアの外から一気にゴール前に切り込んでくる動きに特徴がある。ロベルト・カルロスはやや長い距離を走るサイドバック。さらにロナウジーニョは、ペナルティエリア周辺で決定的な動きをする。1つのチームにタイプの違うプレーヤーがいることで、多彩な攻撃が可能になる

イチローの速さの秘密は一体どこにある？

典型的なホームランバッターであるバリー・ボンズは、まず「打つ」ことを前提にバットを振り切っている。一方、イチローは、カラダの軸を保ったバッティングで、打った後に「走る」ことを前提にしていると言えるだろう

イチロー選手のバッティングを見ていくと、彼の意識の持ち方に、他の選手との違いがあるように感じられてならない。

それは〝打った後に走ること〟を前提にして、バットを振っている点である。

それに対して、ホームランバッターであるバリー・ボンズの場合は、まずは打つことに集中していて、打ってから走るという意識でバッターボックスに臨んでいるに違いない。

〝打ってから走る〟のか、〝走ることを常に意識しながら打つ〟のかで、コンマ数秒の世界であるが、動き出しも変わってくるのである。

こうして見ると、イチローの速さは常に次のプレーを予測し、スムーズにその切り替えをおこなえる点に特徴があると言える。

生み出す要素——

瞬時に止まれる能力こそ今、ボールゲームに求められている

瞬時に減速をおこなうことで、次のプレーが安定する

サッカーの試合で、たとえばサイドライン際をスピーディにドリブル突破し、相手をかわした次の瞬間に、シュートを打とうとするときは、いったんそこでスピードをゆるめるはずだ。

なぜなら、ドリブルから次のプレー（シュート）に移るのであるから、選手にとってプラスアルファの動きをすることになり、当然ドリブルのスピードも落とさなければならないのである。

「スピードを落とさなくても次のプレーに移れる」という人は、ドリブルのスピードが遅く、結果としてプレーに余裕があると言えるだろう（ただし、それでは意味はない）。

なるべく短い時間で、次のプレーができるスピードまで急激に落とせて、なおかつバランスを崩すことなく、安定してボールを操作する。それが、ボールゲームに求められる減速能力なのである。

それは〝相手を抜き去った直後に、いとも簡単にシュートを入れてくる〟というＮＢＡで活躍するトッププレーヤーたちのシュートシーンからも十分に感じ取れる。

けれども、彼らとて相手を抜くことに全エネルギーを使っていては、このようなプレー

をすること自体、到底不可能になってくる。余裕があるから、相手を振り切るか振り切らないうちに、シュートに移れるのである。

そこでは次のプレーにつながる瞬時の減速が存分に使われているのである。

止まるを意識することでカラダのブレーキング性能を高める

それではバランスを崩すことなく瞬時に止まれるか？　といえば、そう簡単にできるものではないだろう。

まず、多くの人は加速のことは意識するが、「止まる」ことを意識してプレーをしている人は非常に少ないからだ。

車の場合、急ブレーキをかけると必ず一瞬

ブレーキング

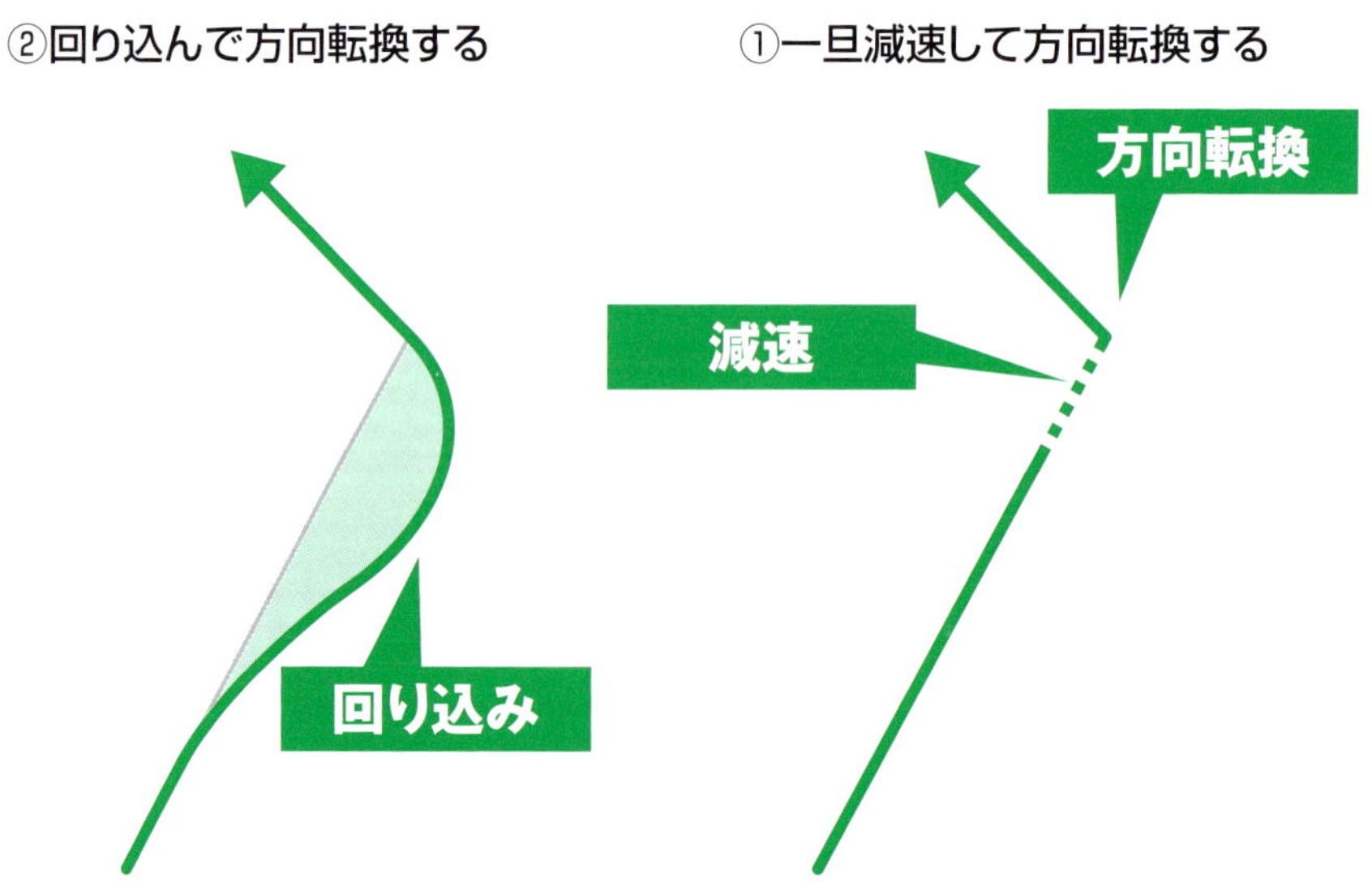

サッカーやバスケットボールの場合は、回り込んでしまうと相手に動きが読まれやすいので、①のような瞬時の方向転換が必要。これに対し、野球で外野手がバックホームを狙うときなどは、②の動きの方が理想的

マイケル・ジョーダンの「フェイダウェイ」

ゴールから離れる方向に跳び、シュートを決める「フェイダウェイ」はマイケル・ジョーダンの得意技。前に加速した体勢から、逆方向へ一瞬の減速がおこなわれる

前のめりするシーンがあって、次の瞬間に、安定した状態に戻ってくる。

それを解消するために、車にはＡＢＳ（タイヤロックによる空走を抑える装置）が装備されていて、いわゆる急ブレーキによって生まれたエネルギーを、車の遊び（＝余裕）や車体によってスムーズに吸収し、キュッと止まれる安定性を生み出しているのである。

その急停止を人間がおこなおうとすると、同じように止まった瞬間にバランスを崩し、体勢を立て直してから次のプレーに移るまでに時間を要してしまう。

そこで、全身の筋肉や骨格を含めたフィジカル能力で、あたかもＡＢＳが装着されているかのように瞬時に安定して止まれるようにしていくのである。

一般に車の場合は、前後に２つずつ、４本のタイヤが地面と接している。しかし、人間の場合はそれが２本の足となり、足首やヒザ、股関節などの関節もたくさんあるので、さらに不安定になってくる。

つまり、車に比べれば、当然バランスが乱れやすいといえる。足は止まっているけれど、上半身が止まらず、バランスを崩すというケースもしばしば見られる。

今のＡＢＳを開発するために、自動車メーカーは研究を重ね、数多くのテストを繰り返し、実用できるものへ仕上げていったはずだ。

「フルブレーキングしてから何秒で止まれるのか」

「車が横滑りしていないか」

など、試行錯誤していたに違いない。

「止まっても、そこからどこへでもすぐに行ける力」

そのボールゲームに必要なブレーキング性能を少しでも高めるには、車の開発のごとく、止まることを意識したトレーニングを日ごろから積み重ねていくことが大切になるのである。PART3で紹介されているコーンを用いた練習（P148〜153参照）ではまさにこの急ブレーキがポイントとなる。コーンを大きくまわれば、トータルタイムは上がるがそれでは意味がない。

ABSが付いているかのように走る

ブレーキング性能を極めたABSを装着の車は、急ブレーキをかけても安定して止まることができる。同じように人間のカラダも、ブレーキング性能を高めていかなければコントロールができずボールが足につかない

上半身と下半身の独立性がポイント

相手ボールを奪った瞬間に、攻守が入れ替わり、すばやく相手陣に攻め入るという場面は、バスケットやサッカーなどでよく見られるシーンだ。

そのとき、ボールを運ぶ選手も、そのまわりにいる選手も、前へ、斜めへ、左右へとすばやく動きまわるのである。

そのときポイントになってくるのが、カラダの使い方だ。

陸上の短距離走の場合、ゴールへ向かって上半身と下半身が一体化した動きで走っていくが、ボールゲームの走りは、その点で上半身を別の方向へ向けたり振り返るなど、下半身と独立させて動かしていかなければ、結果としてバランスを崩してしまうことになる。

それを意識するかしないかで、走りは変わってくる。

サッカーで単に足が速いというだけで、短距離走のような走りをしていると、次のプレーをしようとしたとき上半身が下半身と一緒に動いてしまうので、簡単に次の動きが相手に読まれてしまう。

元サッカー日本代表の中田英寿の走っているシーンを見ると、極端な話、上半身を見ただけでは一体どの方向に走っているのか分からないことさえある。

そのような走りをするには、上半身と下半身の間、腰のところに余裕を持たせて、上半身を独立させて動かすことがポイントになる。

それも「走る力」に必要なフィジカルの要素の1つなのである。

本書の後半にも紹介したラダーを使ったトレーニング（P144~147）の狙いは、まさに上半身と下半身を独自に動かせる能力を養うことといってもよいだろう。

したがって、動作を速くおこなうことばかりを意識するあまり、上半身の助けをかりるような動きをしては練習の意味が薄れてしまう。

あくまで上半身を安定させた中で、下半身だけでさまざまな動きができるようにしていきたい。

中田英寿の動き

足の運びと一緒に上半身が動いてしまうと、次にどこへ行くかを相手に読まれてしまう。中田の場合は体幹が常に安定しているので、上半身を見ただけでは動きがわからない

適正選択

決定的な場面で100%の力を発揮するために、力を温存しておくことも大切になる

自分のスピードを上手にコントロールする

ゲーム時間が数10分におよぶボールゲームで、ボールを持っていない選手（オフ・ザ・ボールのプレーヤー）が、グラウンドやコートの端から端まで、常に全力でボールを追いかけてしまうと、疲労が蓄積されていく。

どんなにカラダを鍛えたとしても全力ダッシュで消耗したエネルギーを、もと通りに回復するには数分以上の時間がかかるのである。

したがって、ゲーム中は決定的な場面で１００％の力が出せるように、力を温存していくことも意識しておかなければならない。

たとえばバスケットボールの場合は、第1クォーターから第4クォーターまで含めるとゲーム時間が約40分（ＮＢＡの場合は48分）になるが、フルタイムを全力疾走でプレーするなど到底不可能な話であるし、短いダッシュであろうとそれをくり返せば、必ずカラダに疲労が蓄積されてくるのである。

当然のことながら、ゲーム序盤は走れても、ゲームが進むにしたがって、次第にエネルギーが低下し、全力のつもりで動いたとしてもプレーのスピードが必ず落ちてしまう。

プレーヤーの最大能力（１００％の力）が高いにこしたことはないが、状況によって〝その能力の何パーセントを使うのか〟という微妙な調整をしていくのである。

ゲーム中は、あくまで余裕を持っていなければいけないのである。

そこで、〝自分の力（スピード）を、自分で上手にコントロールできる能力〟が大切になってくるのである。

たとえば、自動車を運転しているとき、通常コーナーに入る場面ではギアをセカンドに落とし、コーナーを抜けるタイミングでギアをアップしていきながら、スムーズに加速していくのである。

前にも説明したように、ボールゲームにおける走りは、カラダの中にあたかも車のようなギアがあり、それを状況に合わせてスムーズに切り替えていくことで、すばらしいプレーが生み出されるのである。

そのためには、普段からギアを瞬時に切り替えられるようなカラダを意識してつくっておかなければならないのである。

ワールドカップの歴史の中でも、「マラドーナの5人抜き（1986年準々決勝、対イングランド戦）」というのが、今でも語り継がれている。

そのときの走りを見ていると、まさにギア性能の高さに驚かされる。

ハイスピードの中でボールをコントロールできるテクニックもさることながら、タテ方向（ゴール方向）へ向けて、加速、一瞬の減速、加速をバランスを崩すことなく、同じギア（走り方）のままでおこなっているのである。

相手もワールドクラスのプレーヤーであるから、次に何を仕掛けてくるか読んだ上でのことだと想像されるが、それでも相手を抜き去っていく。分かっていても、ディフェンダーは次の瞬間ついていけなかったのである。

これは、意識してもなかなかできることではないかもしれないが、走りの中での減速の大切さ、ギア性能を高めていくことの必要性を物語っているシーンであると同時に、マラドーナがスーパースターであることの証明ともいえよう。

マラドーナの5人抜き

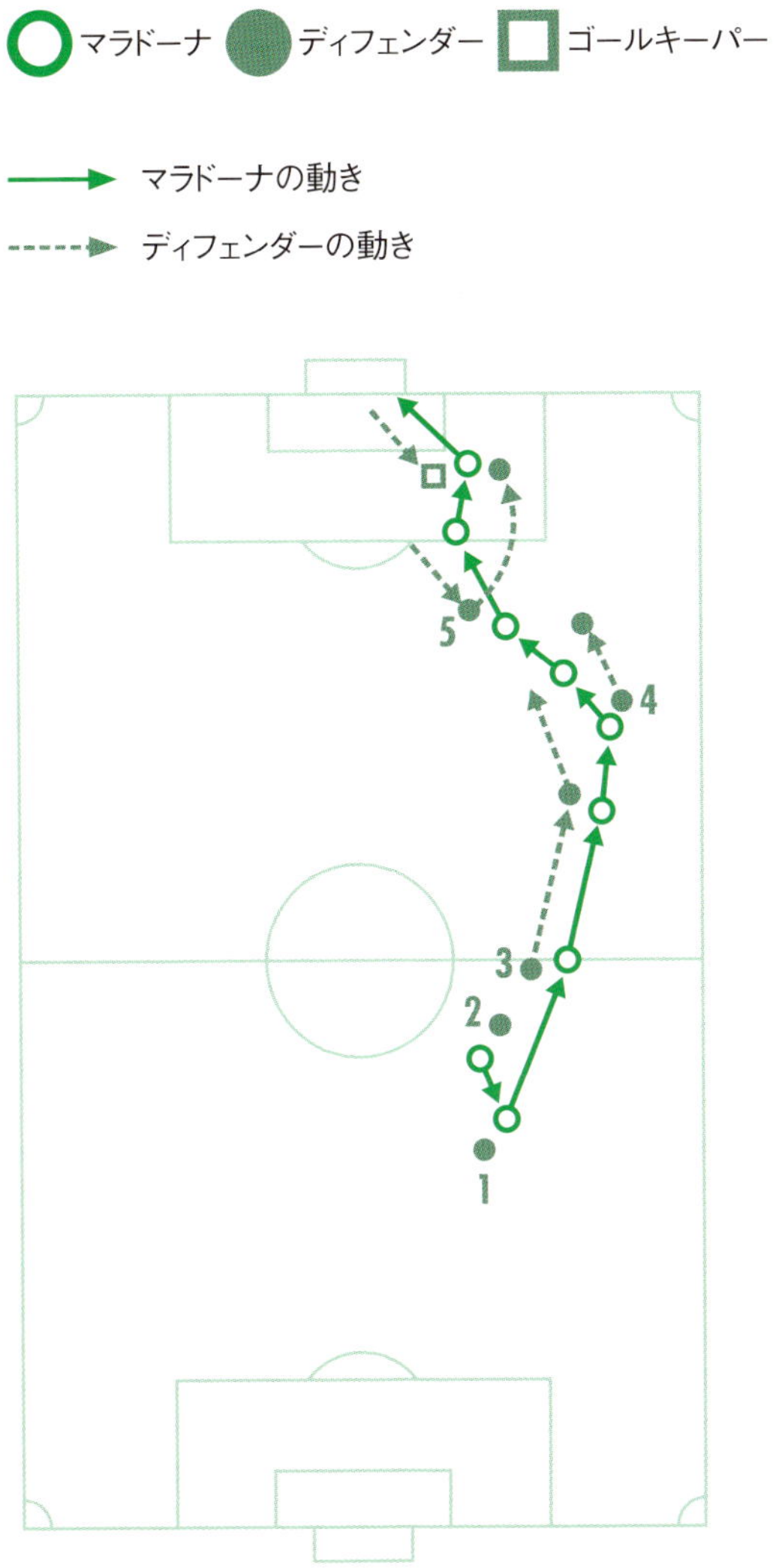

1986年W杯でマラドーナが見せた「5人抜き」。加速の中で一瞬の減速を繰り返しながら相手をかわした。優れたブレーキング性能の為せるワザ

スピードを武器とするイチローは、実はダッシュに向く体型ではない

今やメジャーリーグの顔ともいうべきプレーヤーであるイチローの武器は、いうまでもなくスピードになるだろう。

左右へ打ち分けるバッティング技術もさることながら、内野にゴロが転がった瞬間、ヒットの期待がふくらむ。

けれど、イチローの足は大リーグの中で1番速いのか？　といえば、必ずしもそうではないだろう。

ここで、スタートダッシュに向く体型について、説明を加えておきたい。

もちろん個人差はあるが、ダッシュに有利な体型とは、〝比較的手足が短く、筋肉のボリュームがあるタイプ〟といえる。

なぜなら人間のカラダというのは、「テコ」で力を出しているからである。

いわゆる関節部分が支点となり、走るときには筋肉で覆われた脚部を動かしていくわけだが、手足が短ければ（テコ比が小さい）、出足は速いが終速としてそれほど速いスピードは出せない。

それに対して、手足が長ければ（テコ比が大きい）、出足は遅いが終速は速まってくる。

同じようにこの仕組みを、自転車のギアに置き換えて考えてみるとわかりやすいだろう。山登りなどに適したマウンテンバイクは、前の歯車と後ろの歯車の歯数の比（ギア比）が小さく、人間のカラダでいえば手足が短い（テコ比が小さい）タイプになる。山道を登るなどの馬力が必要なため、加速しやすい反面、終速では大きな力（＝スピード）が出ないつくりになっている。

反対に、競輪選手が使用するトラックレーサーは、ギア比が大きく、動き出しには時間がかかるが、最終的には大きな力（スピード）が出せるのである。

その点で、イチローのように手足

テコ比＝ギア比（歯数の比）

比が小さいマウンテンバイク型は、比較的楽に加速できるがトップスピードはそれほどあがらない。一方、トラックレーサー型は前の歯車が大きい分、スピードを出すまでに時間がかかるが、トップスピードそのものは速い。イチローは体型的には、どちらかといえば後者のタイプになるだろう

が長くて、どちらかといえばスリムな体型の持ち主は、100メートルのような距離を走るのであれば話は変わるが、10メートル、20メートルをダッシュするということであれば、得意とはいい切れないのである。

それでも足でヒットを稼《かせ》ぎ続けているのはなぜなのか?

それは前にも説明したように(P45)〝スイングをしたとき、バランスを崩してしまえば、それだけでヒットの本数が減ってしまうことを知っている彼だからこそ、次にスタートが切りやすい状態、すなわち打ち終わったらすぐに走り出せる範囲内でのスイングを心がけていることに他ならないと思われる。

タイプ別の加速と終速

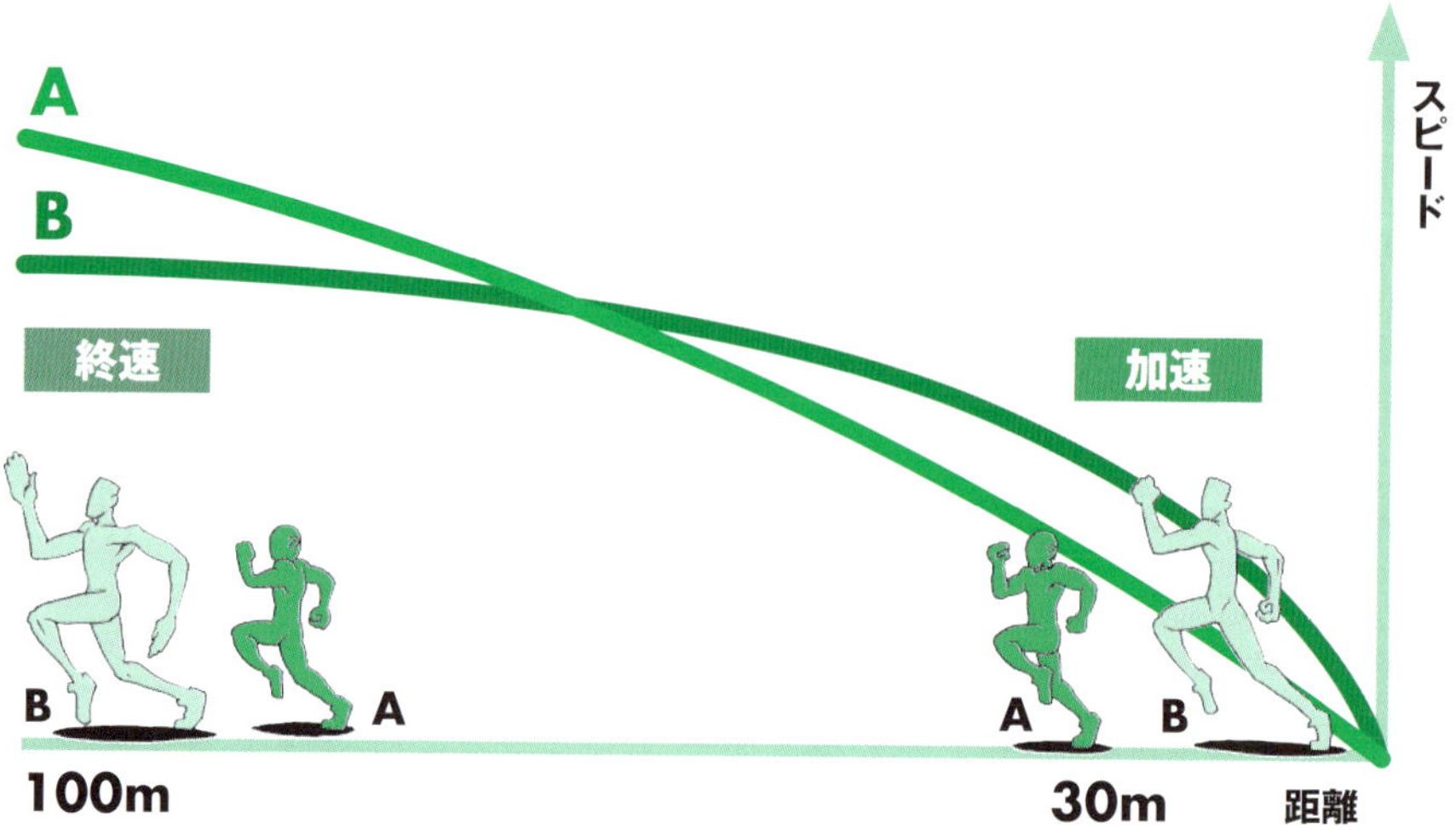

手足の短い(テコ比が小さい)タイプAと長い(テコ比が大きい)タイプBが競走した場合、30mまではAが速いが、100mの勝負となればBの方が速い。サッカーなどでオープンスペースのボールを追う場合、先に身体を入れてしまえるAが有利。その後はBのスピードが優っても、ブロックされてしまう。その場合、Bは早めに諦めて次のプレーに切り替え、疲労を残さないことが大切!

PART2

ボールゲームに必要な「走る力」とトレーニングのコツ

筋肉の2種類の性質――

筋肉の限界を考えて90%以下の力で勝負する

「遅と速」。2つの筋肉

PART1では、ボールゲームにとって、とても大切なスピードと、それを実現するためのフィジカル能力についてさまざまな角度から考えてきた。そこで、PART2ではそれらを身につけるためのフィジカルトレーニングについて見ていきたい。

これまで述べたとおり、ボールゲームに必要な走りとは、〝短い距離をいかにすばやく走るか〟、また、〝瞬時に加速や減速、方向転換ができるか〟といった能力である。

そこでまず実際にトレーニングをおこなう上で、スピードコントロールの必要性を筋肉の特徴から考えていこう。

筋肉とはいくつもの細い線維(筋線維)が束になってできているものだが、それらはすべて同じ速さで縮むわけではなく、大きく分けると速く縮む筋線維と、ゆっくり縮む筋線維の2種類がある。そして、2種類の筋線維は、それぞれの動きの特徴から速く縮む筋肉が「速筋」、ゆっくり縮む筋肉が「遅筋」と呼ばれている。

ボールゲームは「速筋」の勝負

ボールゲームには速い動作が求められるのであるから、当然筋肉は速く収縮する。した

運動と筋肉の関係

速筋の運動

遅筋の運動

走る

歩く

あらゆる運動は、筋肉が縮むことによっておこなわれる。さらに、筋肉には縮む速さによって「速筋」と「遅筋」の2種類がある

がって、基本的には、走るにも止まるにも主に速筋が働くといってよいだろう。

つまり、ボールゲームは「速筋」の勝負になるわけだ。

そこで速筋の特徴だが、すばやく縮むため大きな力(瞬発力)は出るものの、すぐにエネルギー切れを起こしやすいという弱点がある。

なぜなら速筋は、強い力を生み出すため筋肉内にあるエネルギーを一気に使うので、最大に力を発揮すると7~8秒間でエネルギーを消費してしまうのである。

この限界は筋肉の特性なので、たとえワールドクラスのトップアスリートであっても同じなのである。

トレーニングで速筋を鍛えると、筋肉が太く大きくなるので、それに比例して筋肉内に蓄えられるエネルギー量も増える。要するに、瞬間的にパワーやスピードが出るようになる。ただしエネルギー量が増えても、動ける時間が延びるわけではないのである。

必要な持久力はフィジカルトレーニングで身につく

一方、長時間の運動を支えるのは、持久力に優れた「遅筋」である。

体内に蓄えられるエネルギーが限られる速筋に比べて、遅筋は酸素で脂肪や糖質を酸化(燃焼)させながらエネルギーを生み出すので、持続的に収縮することができるのである。

もちろん、ボールゲームに持久力も必要だ。けれども、サッカーにしろバスケットボールにしろ、一般の人から見れば持久力のレベルは高いが、マラソン選手のような能力は必要ないといえる。

たとえばサッカーは、90分間走るとはいうものの、勝負そのものは90分間にどれだけ走りまわったかで決まるわけではなく、瞬間、瞬間の勝負になる。極論をいえば、1つひとつのプレーが大切になり、それは速筋の勝負であり、あとはカラダをいかに回復させるかがポイントになってくる。

たとえばジョギングを練習の中に取り入れていく場合、筋肉を休めるためにやるのはかまわないが、長距離ランナーのごとく持久力を高めることを目的としたトレーニングにしてしまうと、速筋よりも遅筋が占める割合が多くなってしまう。つまり面積比で、いままで速筋と遅筋の割合が80対20だったのが、70対30になってしまったら、バテにくくはなるが、今度は決定的な場面で1歩競《せ》り負けてしまうことになるだろう。

1つの筋肉に2つの能力(速筋の良さと遅筋の良さ)を同時に持たせるのは無理なので、あれもこれも鍛えようとしても、かえって筋肉自体が中間的なものになってしまい、パワーは落ちてしまうということになりかねないといえる。

速筋と遅筋の特徴

すばやい動きが求められるボールゲームは、主に速筋の勝負になる

速筋

特徴　すばやく縮む

長所　大きな力がでる（パワーに優れた筋肉）

短所　すぐに疲労する（最大努力なら7～8秒）

遅筋

特徴　ゆっくり縮む

長所　長時間の運動に耐えられる（持久力に優れた筋肉）

短所　大きなパワーがでない

ボールゲームは「速筋」のすばやい回復がカギ

速筋が最大に力を発揮すると、7～8秒しかパワーを出せないことは、前述したとおりデータで証明されている。たとえば10秒前後で勝負する100メートル走のスプリンターであっても、10秒間フルパワーで走っているわけではなく、微妙な緩急をつけながら、力をコントロールしているのだ。

さらにボールゲームでいえば、バスケットなら10分4ピリオド、サッカーなら前後半各45分もの間、ピッチ上を動きまわらなければならない。

そこで気をつけたいのは、「1回のプレーでがんばり過ぎない」ということだ。ボールゲームのように次々プレーしなければいけない場合には、限界ともいえる7～8秒間を全力でがんばりすぎると、速筋のエネルギーを激しく消耗してしまい、次のプレーをするためのエネルギーを再補充するのに数分以上もの時間がかかってしまう。

そこで、すばやく回復させるには、1回のプレーはなるべく短い時間で、しかも余力を持たせた力（90％以下）でおこなうことがポイントになる。

いくら筋肉を鍛えても、ただがむしゃらに走っていては体力を消耗する一方だ。そのため、トレーニングの段階から〝スピードコントロール〟を意識したカラダづくりをしておくべきだといえよう。

ワンタッチ、ツータッチでプレーする

●エネルギーの消耗（イメージ図）

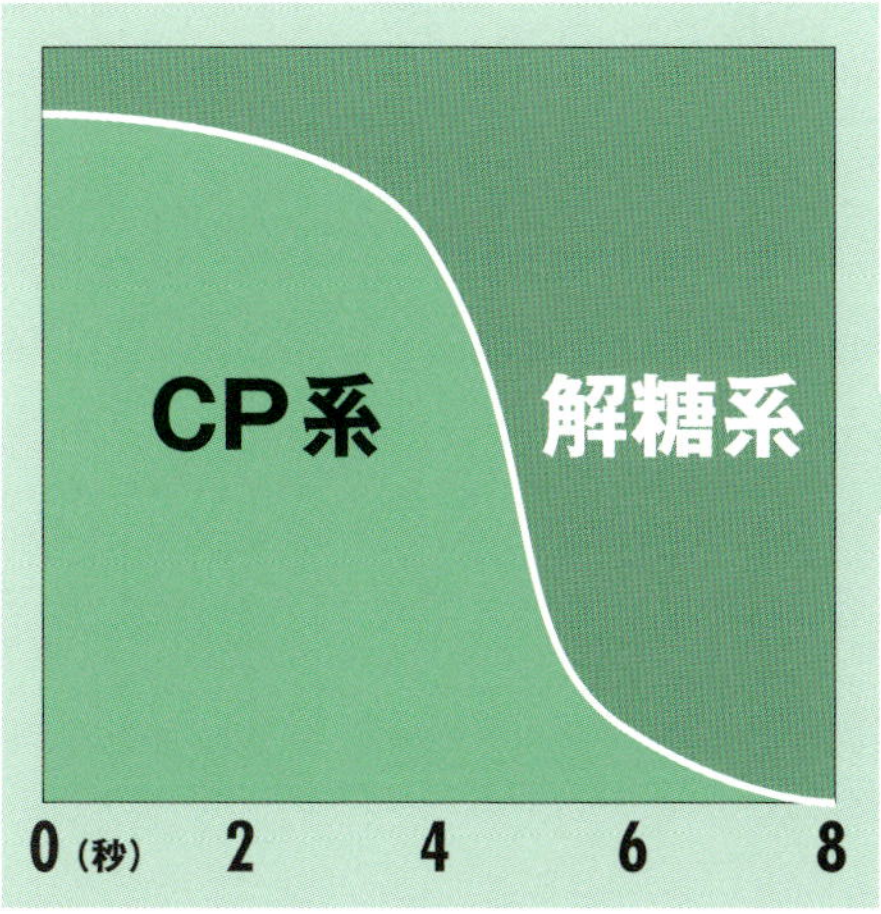

ボールを6秒以上キープすると、解糖系のエネルギーを消耗するので、すばやいパスまわしがポイントだ

速筋を動かすエネルギーには、「CP系」と「解糖系」と呼ばれる2種類がある。短時間の急な運動ではCP系エネルギーが使われるが、さらに激しい運動では解糖系のエネルギーも同時に使われる。

CP系は短い時間で再補充できるが、解糖系は再補充に時間がかかる。つまり、解糖系エネルギーを使うと、回復に時間を要してしまうのだ。

そこで、プレーではなるべく力を90％程度までに抑えて、なおかつ数秒間の動きにしておけば、解糖系エネルギーを消耗することなく、スムーズな回復ができる。

トレーニングのポイント

操作性を保ちつつ強く逞しいカラダに——

時期に合わせてトレーニング方法を考える

ボールゲームに求められる加速、減速、方向転換の重要性を理解した上で、実際に「速く走る」トレーニングをおこなっていくわけだが、その練習自体、ある程度のパワーやスピードを要するものである。

そこで、まずはきちんと「動ける」カラダをつくるために、基礎筋力（パワー）の底上げを図るとともに、全身のバランスを整えることから考えていきたい。

これはボールゲームに限った話ではないが、各競技には1年を通して、「シーズン」と呼ばれる試合に取り組む期間と、それ以外の「オフシーズン」の2つがあることはご承知のとおりだろう。

そこで、トレーニングもシーズンとオフシーズンでは、内容を変えていかなければならないといえる。オフシーズンのうちに、動きに必要な基礎体力をつけ、シーズンに向けてすばやい動きができるように、徐々にスピードやパワーをアップしていくのである。

これは、「ピリオダイゼーション（期分け）」と呼ばれるトレーニングの考え方で、スポーツの現場では一般的に取り入れられている方法である。

そこで、主にオフシーズンのトレーニングの中心になる「カラダのベース＝筋力トレーニング」から見ていこう。

ピリオダイゼーションの考え方

シーズン ← **オフシーズン**

基礎体力の底上げ
全身の筋力バランスをアップ

パワー、スピードを
アップ

実戦に必要な
判断力を養う

試合日を軸に、
週単位で筋トレから
戦術トレーニングまでを、
バランスよく組んでいく

シーズンに近づくにつれ、トレーニングにもより実戦に即したパワーやスピードが必要になる。オフシーズンには、負荷の高い練習に耐えられるだけの基礎体力をつけておくことが大切だ。

筋力トレーニングに〝やりすぎ〟は禁物!?

〝フィジカルトレーニング〟といわれて、筋力トレーニングを思い浮かべる人は多いことだろう。それまで本格的な筋力トレーニングをやっていなかった人が、本格的に取り組みはじめると、およそ2～3ヶ月で自分のカラダが変わっていくことを、目に見えて実感できる。

実はここに、誰しも陥《おちい》りやすい落とし穴がある。適切なステップアップを忘れてしまうのである。

トレーニングは、自分の能力に応じておこなうのが大原則で、筋力トレーニングなら10回反復（最大能力の70％程度の力を使う）を基本におこなえば十分な効果が得られる。したがって、回数をむやみに増やしても意味がないことは知っておきたい。

トレーニングを続けていくと、はじめは10回がやっとだった重さを15回、20回とできるようになる。このような時には、強度を上げた方が良い（たとえば、15kgのバーベルをかついだスクワットなら、20kgのバーベルを使う）。15回、20回できるようになったということは、強くなった筋肉にとっては「楽」なので、効果が上がらなくなっていくのである。回数が増えたら遅筋の出番になってしまう。

では、もっと強く、能力限界に近いトレーニングをおこなえば、さらに効果があるように思われがちだが、実は、効果にはほとんど差がなく、トレーニングで筋肉を傷める危険性が急激に大きくなる。純粋なパワー種目である重量挙げやハンマー投げなどの選手は、最大能力に近い力を発揮することも大切だが、ボールゲームでは、最大能力よりプレーの質を高めるのが目的なので、ケガの危険性が高いトレーニングは避けるべきなのである。

また、強い筋力トレーニングをおこなった直後は、筋肉は小さな損傷を負っている状態になる。そのため、オフシーズンには強い筋力トレーニングをおこない、シーズン中は、筋力を維持できるよう、あまり強いトレーニングはおこなわない方がベターである。

トレーニング効果と傷害の危険性（イメージ図）

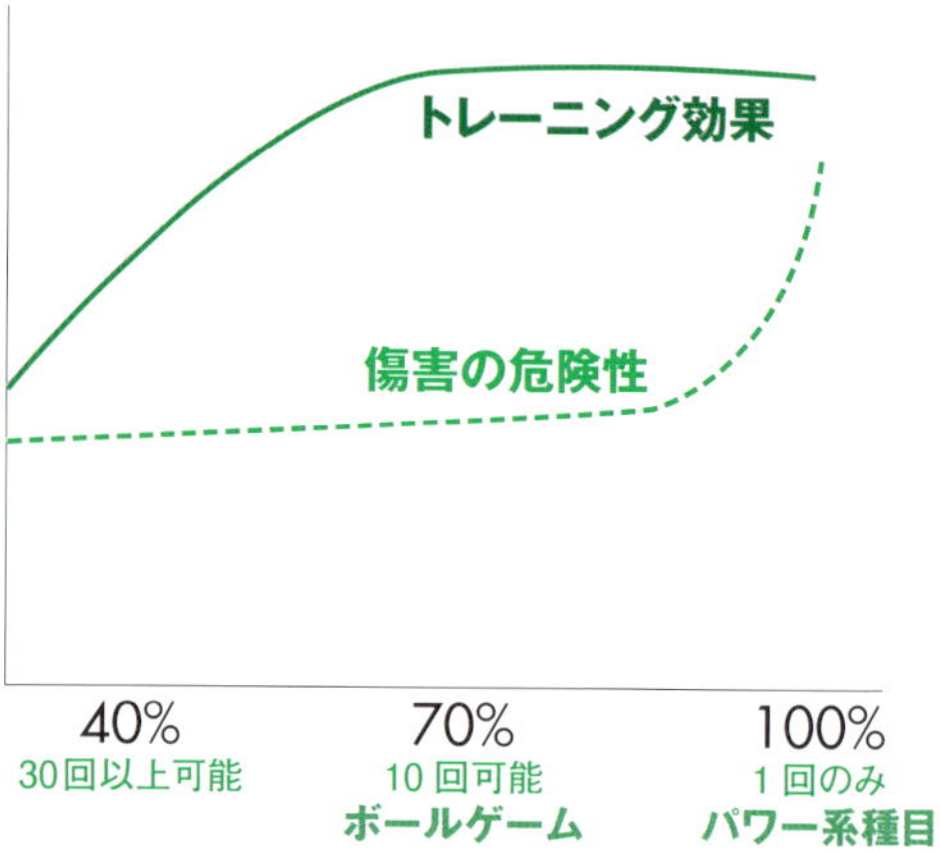

持てる最大の力を100%(最大能力)と考え、10回反復できる程度のトレーニングをおこなうと、最大能力の70%程度の力を使っていることになる。70%を超えると、効果には差が少ないのに、ケガの危険性が増す。ボールゲームのトレーニングの場合は、1つのメニューに対して1セット10回×3セットおこなえば十分である

スピードアップにつながる筋トレを

大切なのは、トレーニングでバスケットならバスケットの動き、サッカーならサッカーの動きというように、それぞれの種目に応じた筋肉を強化し、それをきちんと動きの中で使えるようにすることである。

筋肉は、神経からの命令（刺激）を受けて力を発揮する。そして、スポーツの動作は、さまざまな筋肉がお互いに協力し合いながらおこなわれている。

人間のカラダは、単一の筋肉が働き動作をおこなうことはない。たとえばヒザを伸ばす動作にしても、大腿《だいたい》の表側の大腿《だいたい》四頭筋《しとうきん》と裏側のハムストリングスが、うまく連携して動きが生み出されるのである。

また、テニスでは、ラケットを握る側が中心に使われるので、左右で偏ったカラダの使われ方をしている。

けれども、人間のカラダは、左右均等の筋肉に近づけるほど、全身がうまく使えるようになるといわれており、動きのスピードアップを考えた場合、反対側もしっかり鍛えておくことが大切になってくるのである。

つまり、テニス選手はラケットを持つ方の腕ばかり鍛えておけば良いわけではない。

そこで、筋力トレーニングによって、日常あまり使っていない筋肉を刺激することで全身をバランスよく使えるようにしていくのである。

〝腸腰筋《ちょうようきん》〟は、上半身と下半身をつなぐ筋肉で、走りのスピードアップに重要ということで、陸上をはじめさまざまなスポーツ分野で注目されているカラダの奥の筋肉（インナーマッスル）のひとつである。

しかし、大腿《だいたい》や下腿《かたい》の筋肉がマシンなどで鍛えやすいのに比べ、腸腰筋《ちょうようきん》は鍛えにくい筋肉なので、意識的にトレーニングしていくことが必要になってくる。

トレーニングが十分でないと、あるプレーをおこなうのに10の筋肉が働くべきときに7～8の筋肉が働いただけでも、見た目にはあまり変わらないプレーができる。しかし、残る2～3の筋肉をしっかりトレーニングし、それをプレーに生かすように練習を重ねていくと、ある時期にプレーの質が各段と進歩するのである。

筋肉と動作の関係

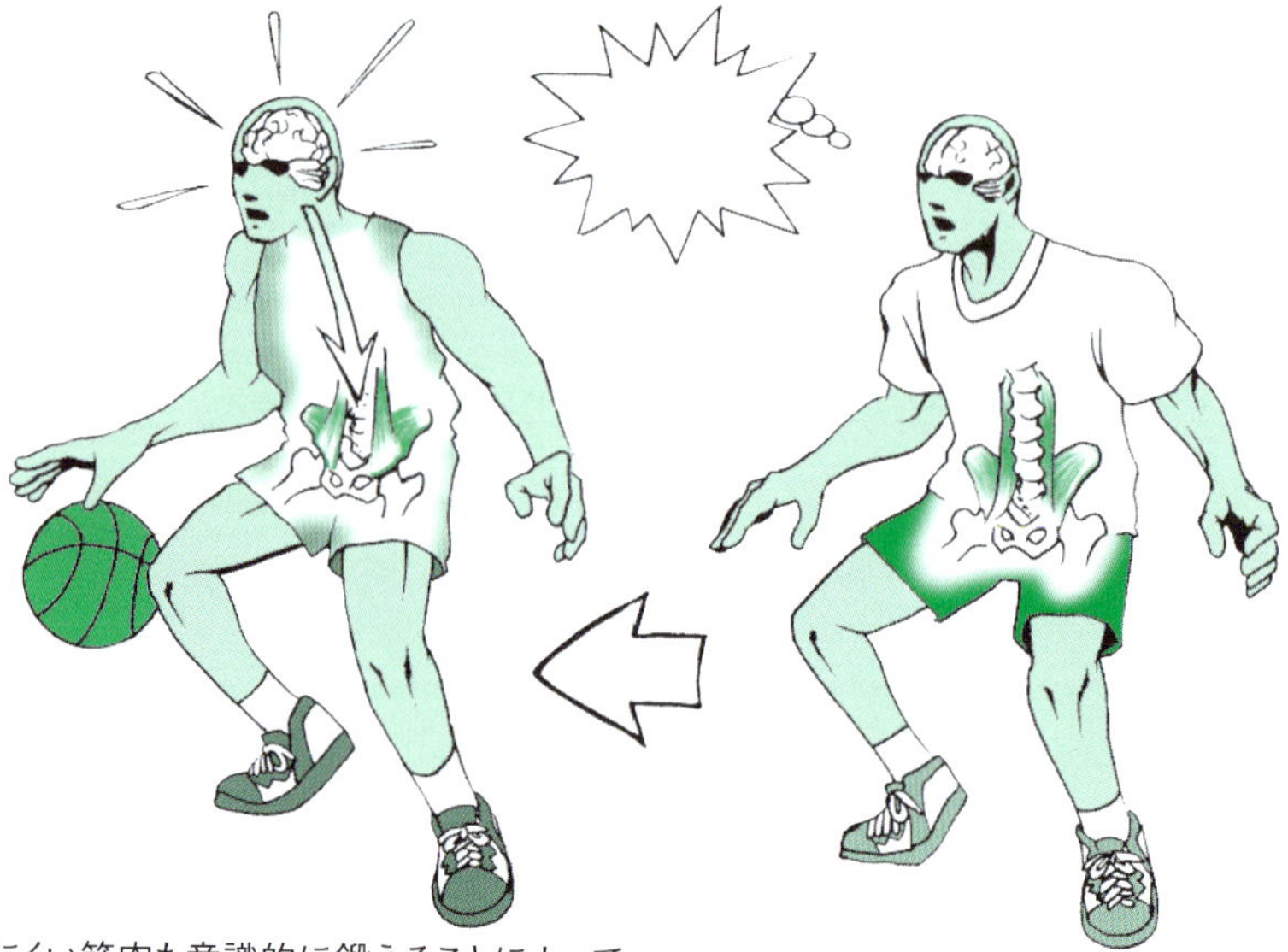

鍛えにくい筋肉も意識的に鍛えることによって、
実際のプレーでもうまく働くようになる

右バッターが左打ちをする必要はある?

カラダのバランスを整えることで、
パフォーマンスもアップする

大切なのは、あくまでオフシーズンにカラダ全体を鍛えて、筋力バランスをきちっと整えておくようなトレーニングをしておくことだ。

右バッターであるなら、通常の右打ちでバットを振る練習に加えて、逆方向の左にカラダをひねるための筋肉を、筋力トレーニングによって鍛えておくとよい。

左右均等の筋肉をつけることでスイングスピードもアップしてくるに違いない。

けれども、バットでボールを打つのは高度な技術を要するので、そこまでする必要はない。

プレーに必要な筋肉を見極める

　サッカーやバスケットボールの選手たちの足を見ると、太ももそうだが、ふくらはぎが発達していることがわかるはずだ。これはサッカーの動きの中に、瞬時に「止まる」動きが多いからである。つまり、サッカー選手やバスケットボール選手は、カラダにブレーキをかけやすいようにヒザ下が太く発達しているのである。

　ＰＡＲＴ１でも説明したように、走るスピードとともに瞬時に止まれる能力を高めていけば、相手を置き去りにする動きが可能になってくるのである。

　それを他の動物にたとえるなら、スピードがあり、瞬時に止まれて方向転換できるという意味で、ヒョウの走りといえるのではないだろうか。いくら速くても獲物を捕まえられなければ意味がない。ヒョウは相手に噛みつくための方向転換や減速ができる。

　野球選手でも、瞬時に止まり、方向転換を要求される内野手はヒザ下が発達している。対談に登場した石井琢朗選手が、腰よりも足首とヒザのやわらかさを強調しているのもうなずける。

　ところで、野球では、打った後バッターは１塁にしか走れない。（ここに左打者であるイチロー選手の有利さもあるのだが……）。局面、局面ではプレーの選択肢がほとんどない。たとえば１アウト走者３塁で外野にフライが上がったら、３塁走者はタッチアップでホームに向かい、外野手は捕球後ただちにホームへ返球する。ランナーの足と外野手の返球の速さ比べだ。だから、外野手は送球しやすいように回りこんで良いのだ。

そのため野球選手（外野手）の足は、おしりや太ももが太く、ヒザから下が細いスプリンター体型。動物にたとえるならば、サラブレッドに近いといえるのではないだろうか。

これに対して、サッカーやバスケットボールでは、相手に次の動作を予測されるか、されないかが勝負である。次にパスが出しやすいように回り込んでは、相手に動きを読まれてしまう。

だからこそ練習でも、常にどこへでも動けるゆとりを残しておくことが大切だ。たとえばコーンをジグザグに走る練習で、右のコーンを回るとき次の左に行きやすいよう走って

サッカーと野球の足の形

「止まる」ことが重要なサッカー選手は、ヒザから下が太いのが特徴。それに比べて野球選手（外野手）は、スプリンターに近い足の形をしている

は意味がない。右のコーンを回りかけ、再度右へも走れる状態でなければ実戦に通じる走りは身につかない。考えてみれば当たり前のことだが、意外と見落とされているのである。

筋トレの成果をプレーに結びつけるプロセス

筋トレをおこなったのに、思うようにプレーの改善が見られないという話も聞く。しかし、前日の筋力トレーニングの疲労が残っている状態でプレーすれば、上手くいかないのは、むしろ当然だといえよう。

また、トレーニングで高めた筋力を、プレーにつなげていく練習が不十分な場合が多い。筋力を高めたら、それを有効利用し、一段高いプレーに生かしていく練習が必要になる。たとえばサッカー選手にとって、上半身の筋肉を鍛えることも重要だが、上半身を鍛えると、下半身との筋力バランスが変わってくる。

そこで、基礎的なプレーで上半身と下半身を協調させ、筋肉に命令を出す神経と、それを受けて動く筋肉の連携《れんけい》を確立する必要がある。こういったトレーニングを積み重ねることで実際のプレーの中でも円滑に動けるようになり、プレーの質が向上するのである。

短期間で答えを求めて、結果が出ないからといって「筋力トレーニング」そのものを否定することは避けたいものである。

ポジションによって求められる能力は変わる

自分の長所を生かせるポジションを見極めることも大切

野球の中でも、内野手には瞬時に減速や方向転換が求められるように、1つの種目であってもポジションによって違いがある。

また、自分の特性を生かすには、自分がどのポジションに向いているのかを考える必要もある。

サッカーの場合、中盤でプレーする選手に瞬間的な加速減速が重要なのに対して、ロベルト・カルロスのように最終ラインからオーバーラップする選手は、どちらかといえば野球の外野手のように絶対スピードそのものが速いことが重要になるわけだ。

そのため、加速、減速の能力を身につけることも大切ではあるが、スピードが持ち味の選手はサイドで自分のスピードを生かすプレーヤーを目指した方がいいのではないかと思われる。

筋肉の働きを意識することで止まるためのカラダの性能を高める

ボールゲームに必要なのは、「足全体」を使った走り

速く走る能力を身につけるには、筋力トレーニングと平行して、実際に「走る」トレーニングをおこなっていくことになる。けれども、「短い距離を走る」ため、ダッシュ練習をやれば良いのだろうか？

ボールゲームの中で、ブレーキをかけたり、加速したり減速したりという動きを繰り返すには、足全体の筋肉を使った走りが必要になるので、ダッシュ練習のように加速するための筋肉中心（主に太もも前面にある大腿四頭筋《だいたいしとうきん》）のトレーニングだけでは不十分であり、筋力トレーニングと同様、走りの中でも意識的にさまざまな筋肉を使うトレーニングをしなければならないのである。

それでは、ボールスポーツに必要な走る力を高めるには、どのようにすればよいか。

まずは、さまざまなトレーニングがある中で、〝階段や坂道を下る〟という練習をおすすめしたい。この〝下る〟という練習は、瞬時に止まるための能力を身につける上で、効果的であるといえる。

坂道を下りることで、太ももの裏側を意識する

一見、階段を駆け上がるような登りの運動の方が、苦しそうで効果的に思えるかもしれないが、そのとき鍛えられる筋肉は主に前面であり、平たんをダッシュするのとそれほど変わらないのである。

一方、階段や坂を「駆け下りる」動きというのは、スピードが出過ぎないように着地のときに足でしっかり地面をおさえながら進むので、太ももの裏側にあるハムストリングスも同時に使われるのである。つまり、ブレーキをかけるときと同じような動きになり、太ももの表と裏が同時に鍛えられるのである。

ただし、階段や急な坂を下りる練習は、怪我の危険性も高い。そこで、より安全に効果をあげるために、ラダーを使用したトレーニングがおすすめになる（P144～147参照）。

ラダーとは「ハシゴ」のことで、地面に置いた「ハシゴ」の段と段の間を小刻みに走ったり、1マス飛ばしで走るトレーニングである。

ここでポイントとなるのが、「階段を下りるようなイメージ」でラダーをおこなうこと。

つまり、階段を駆け下りるときには、着地の際に筋肉を一瞬緊張させ、すぐにリラックスさせて次の1歩を踏み出していく。着地時に、瞬間的に筋肉を収縮させてブレーキをか

けるわけだが、なるべく短い時間でリラックスさせる必要がある。収縮したままでは次の動作に移れないためである。

ラダーをおこなう場合でも、いかに瞬間的にブレーキをかけて、瞬間的にそれを開放するか、その繰り返しを意識することで、より効果的なトレーニングができる。

逆に、ラダーがない場合であれば、比較的ゆるい下り坂をラダーの要領で小刻みに速く走るのも効果的だ。

ゆるい下り坂をリラックスして走り、止まって、しかもすぐ次のプレーに移れるような走り方、止まり方をしなければいけない。そのためには瞬間で筋肉をとめて、瞬間でゆるめる意識が必要なのだ。

階段を下りるイメージでラダー

ラダートレーニングは、階段を下りるイメージで、接地時に一瞬筋肉を緊張させるつもりでおこなうことで、効果的なトレーニングになる

下り坂の運動で発揮される「エクセントリック」な筋肉の働き

下り坂では自力で出せる以上のスピードが出てしまうので、ケガをしない程度にカラダに瞬間的にブレーキをかけながら進むわけだ。このような筋肉の使い方を、「エクセントリック」という。

これは、日本語では「伸長性」と言われている。簡単にいえば〝外側につっぱるような動き〟であるが、ここで少し筋肉の仕組みについて紹介しておきたい。

そもそも筋肉は自力で「伸びる」性質はなく、縮むことで力を出し、カラダを動かす。それでは「伸長性」とはどういう状態かといえば、動きの方向と逆に筋肉が力を出す状態であって、筋肉は伸びるのではなく、伸ばされるのである。

分かりやすいのが、スクワットをおこなうときの大腿四頭筋の働きである。立った状態から両ヒザは曲がるが、このとき、しりもちをつかないように途中でヒザの動きを食い止める力が、「エクセントリック」な筋肉の働きになる。

トレーニングでも「エクセントリックな筋肉の使い方」を意識することでブレーキング性能は高まるといえる。たとえばドロップジャンプであれば、どうしても高く跳ぶことに意識がいきがちになるが、それと同時に降りたときに〝ピタッ〟と止まれるかどうかを意

スクワットを止めたときの筋肉の力のかかり方

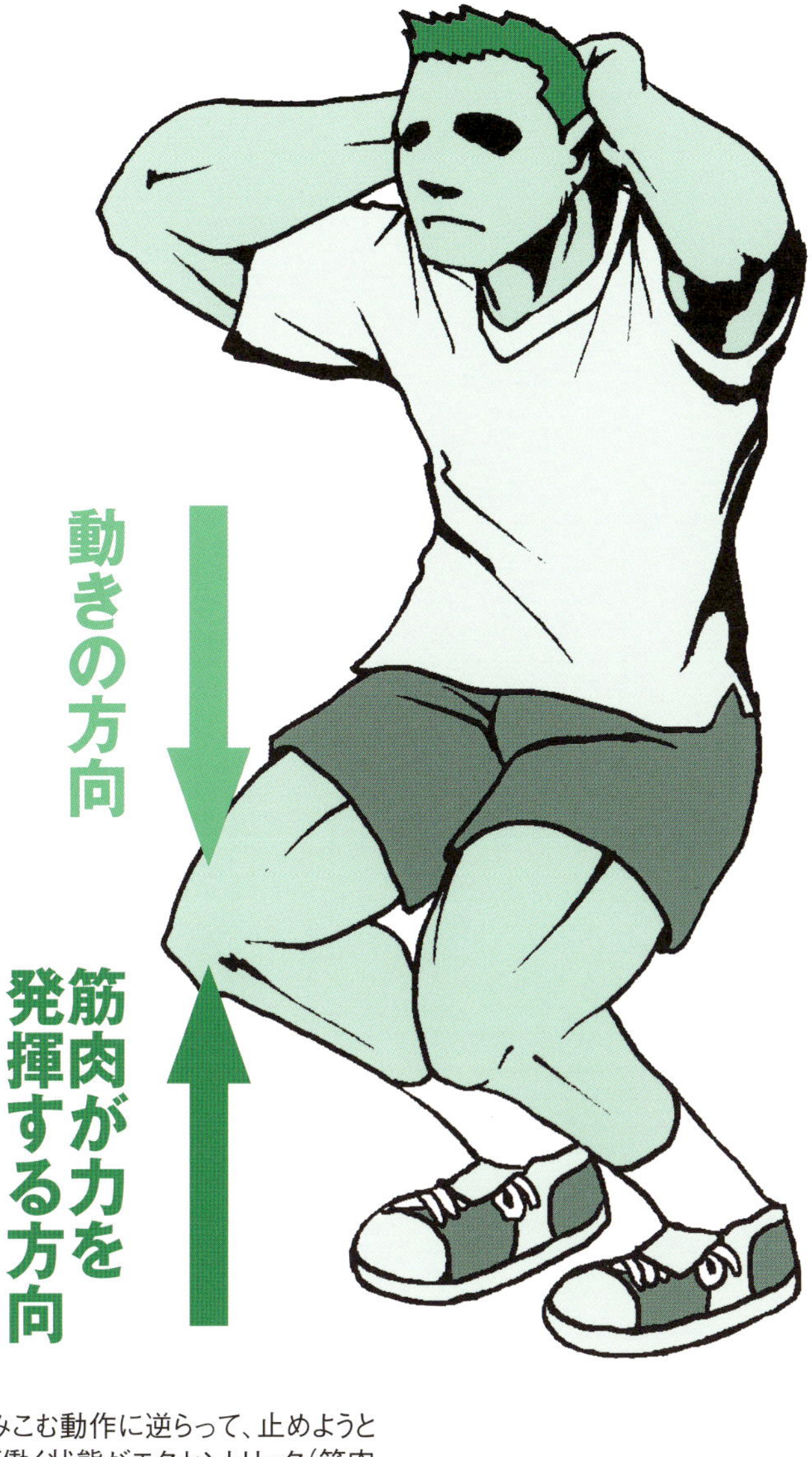

下に沈みこむ動作に逆らって、止めようとする力が働く状態がエクセントリック（筋肉は伸びるのではなく、伸ばされる）

識することも重要なのである。

そのとき、下半身が、エクセントリックな動きを意識する一方で、上半身はリラックスした状態を心がけることが必要になるだろう。足から腰だけで「ピタッ」と止まることが大切なのだ。

つまり、上半身の動き（補助）を使えば動きは止められるが、それではすばやく次の動作に移れない。たとえば、右へブレーキをかけた状態からもう1回右へいけるか、そのまま左にいくしかないのかといったプレーの幅は、上体の姿勢で決まるのである。

そのためには、一度ブレーキをかけたときに、しっかり上体が重心の上に乗ることが大事になる。ふだんの練習で「止まったら次は左へ動く」など次の動作を決めておくと、無意識にカラダが流れ、予備動作の入った左へ動きやすい止まり方をしてしまうのである。

予備動作が入ると、ゲームでは相手に次のプレーを読まれることになる。

そこで、Ｐ１４３で紹介したナワトビを使ったトレーニングで、上半身の補助を使わない動きを意識するとよいだろう。

これは上半身と下半身を別々に使うという意味でも、よいトレーニングになる。ラダーではどうしても腕でバランスをとったり、上半身でカバーしてしまうが、ナワトビであれば腕や上半身が制限されているため、それができないというメリットがある。

その結果、次の動きへスムーズに移行できる止まり方が身につくのである。

ドロップジャンプで着地を意識する

ドロップジャンプは、どうしても「跳ぶ」こと
を意識してしまうが、着地時に"ピタッ"と止
まる意識でおこなうこともポイント

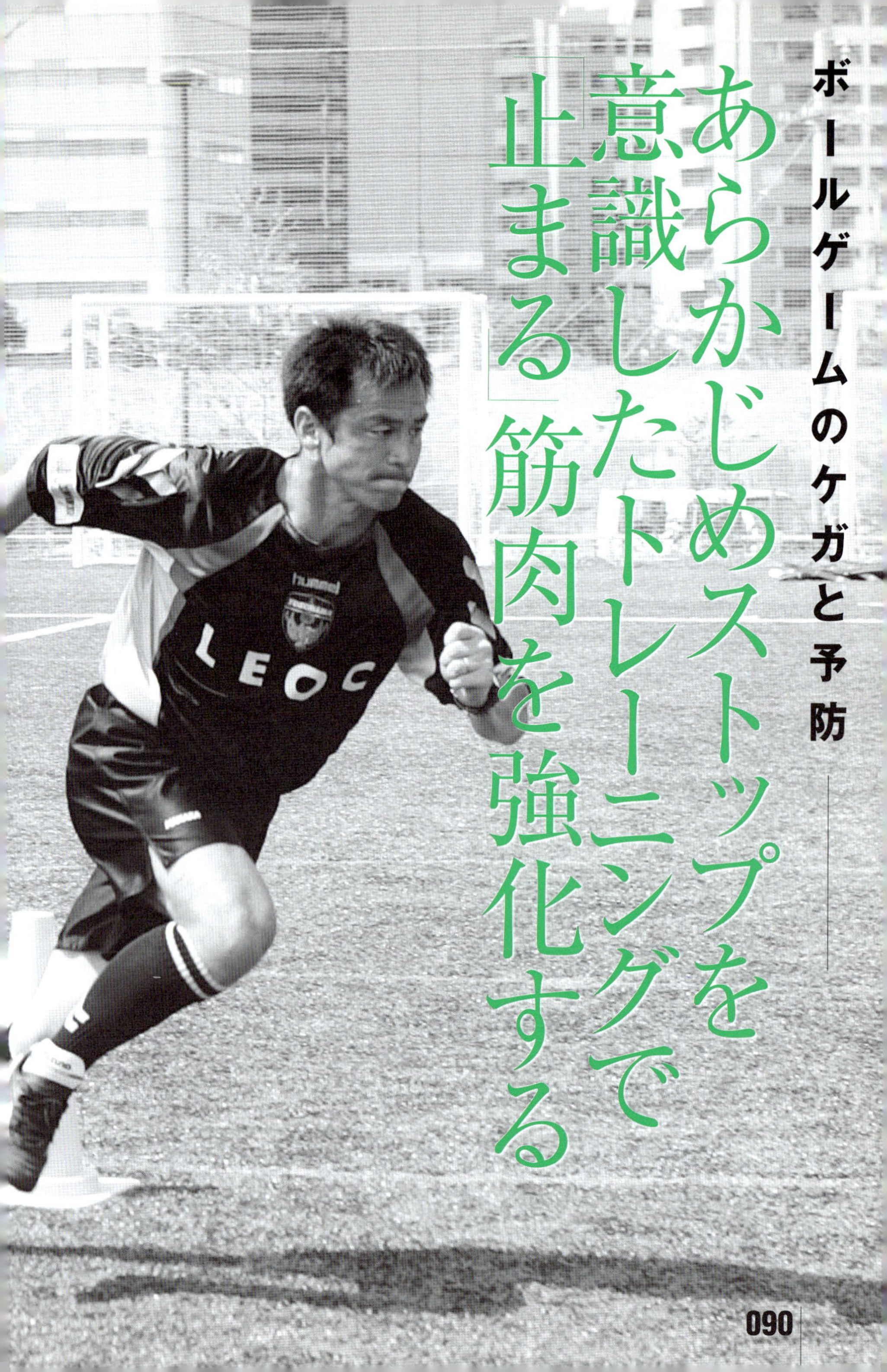

ボールゲームのケガと予防——

あらかじめストップを意識したトレーニングで「止まる」筋肉を強化する

休養と回復の大切さを知っておこう

トレーニングをする上で、注意が必要なのが〝疲労〟の問題であるだろう。

前に述べた通り、トレーニングは自分の能力に応じておこなうのだが、筋力トレーニングは、筋肉に適度な刺激（ダメージ）を与えて、それが修復・回復するときに僅かずつグレードアップするのが本質である。適度な刺激（ダメージ）から回復（修復）するのにはある程度の時間を必要とすることが知られている。だから筋力トレーニングは、最低でも中1日、理想は中2日あけておこなうのが効果的で、もし毎日おこなうとすれば、「今日は上半身」「明日は下半身」という組み方が良い。

この修復、回復のための休養を無視して、トレーニングを継続するとやがてスポーツ障害を引き起こすこととなる。

ボールゲームのケガは、エクセントリックな動きと関係がある

スポーツ障害には、相手との衝突など、一時的に強い衝撃を受けて起こる「外傷」とわずかずつの衝撃が積み重なって起こる「慢性障害」がある。

スポーツで起こる外傷には、相手と衝突して捻挫《ねんざ》などを負うほかに、肉離れやアキレス腱《けん》断裂などがある。

ここで、エクセントリックな収縮について、大腿《だいたい》の前にある大腿四頭筋《だいたいしとうきん》を例に考えていこう。この筋はヒザを伸ばすときに使われる。たとえば椅子に腰掛けた状態からヒザ下だけを前に上げるとき、この筋が収縮するのである。このとき、筋肉は短くなりながら収縮するので、短縮性の収縮と言われる。

これに対し、ジャンプして着地するとき、ヒザは前に出るが、その動きを止めるのが大《だい》腿四頭筋《たいしとうきん》である。このとき大腿四頭筋《だいたいしとうきん》は、引き伸ばされながら収縮することになる。この収縮を前にも説明したようにエクセントリックな収縮と呼んでいる。エクセントリックな収縮では、筋肉には伸ばされる力と縮もうとする力が同時に働くこととなり、大きな負担がかかるので傷害を受けやすい。

プレーの中では、急な減速や方向転換のときに、エクセントリックな収縮が使われるので、肉離れやアキレス腱《けん》断裂が起こりやすいのである。

これは、普段の練習から、止まる動きに慣れているかどうかも、関係してくるだろう。動作としてはやはり少ないので、どうしてもケガをしやすいのである。それを予防するには、エクセントリックな収縮、つまり止まる動作を普段から意識してやっているかどうかということが大切になるだろう。

疲労の蓄積による慢性障害

スポーツでは、同じ動作を繰り返すことが多く、同じ部分に連続して負荷ががかる。そこで、練習後の疲労回復が不十分だと、慢性的な障害を起こす。

急な加速、減速、方向転換が多いボールゲームで起こりやすい慢性障害には、オスグッド症（ヒザ下の骨が変形し、運動時に痛みをともなう）、ジャンパーズニー（大腿《だいたい》の筋肉が収縮し、ヒザ下のじん帯が上へ引っぱられることから痛みが生じる）やシンスプリント（足首にかかる負担から、スネの骨が炎症を起こす）などがある。

これらの障害はヒザ下の腱《けん》や骨に出るのだが、実は筋肉に問題があることが多い。能力以上の練習をしたり、練習後のケアが不十分だったりすると筋肉に疲労が蓄積する。疲労すると、加速、減

ボールゲームに見られるケガのタイプ

どちらのケガの場合も、普段から「エクセントリックな筋肉の使い方」を意識しているかどうかも関係がある

突発性のケガ

相手との接触や、急激な動作の変化など、瞬間的な衝撃で負うケガ。

慢性的な障害

疲労を回復せずに運動を続けた結果、負担が蓄積して起こるケガ

速、方向転換の時の衝撃を、筋肉が吸収できなくなるために、腱《けん》に負担がかかるのである。鍛えていない筋肉や疲労が蓄積した筋肉があると、周辺に障害が起こりやすいのである。

つまり、減速やブレーキング動作を普段からしっかりやることが大事だろう。

ケガを防ぐのは、運動後のストレッチ

またケガの予防だけに限らず、ストレッチを見直すことがとても大切だ。ボールゲームに限らず、ピッチにいる間だけが練習ではなく、ウォーミングアップはもちろん、終わってからのクーリングダウンも大切である。

発育期の中高生なら、入念な準備運動も大切だが、終わってからクーリングダウンとケアはさらに大事なのである。

毎回の練習後に、ストレッチを丁寧におこなうと筋肉の疲労をチェックできる。同時に、練習に無理がなかったかも確認しよう。

痛みがある場合は、RICE処置を行い、練習を控える方が良い。強い痛みがある場合やRICE処置を行っても痛みが軽くならない場合は、早期にスポーツ整形外科を受診しよう。「練習を1日休むと取り戻すのに3日かかるから、痛くても休まない方が良い」と信じている人もいるが、ヤンキースの松井秀樹の例を見るまでもなく、早期に確認し、正

しく処置することが大切なのだ。逆に「トラブルを放っておいたら、回復に3倍かかる」と考えよう。

RICE処置

Rest

安静。休ませる。

Ice

冷却。氷や冷水で冷やす。

Compression

圧迫。
（弾性包帯などで）圧迫する。

Elevation

挙上。持ち上げる。

筋肉図

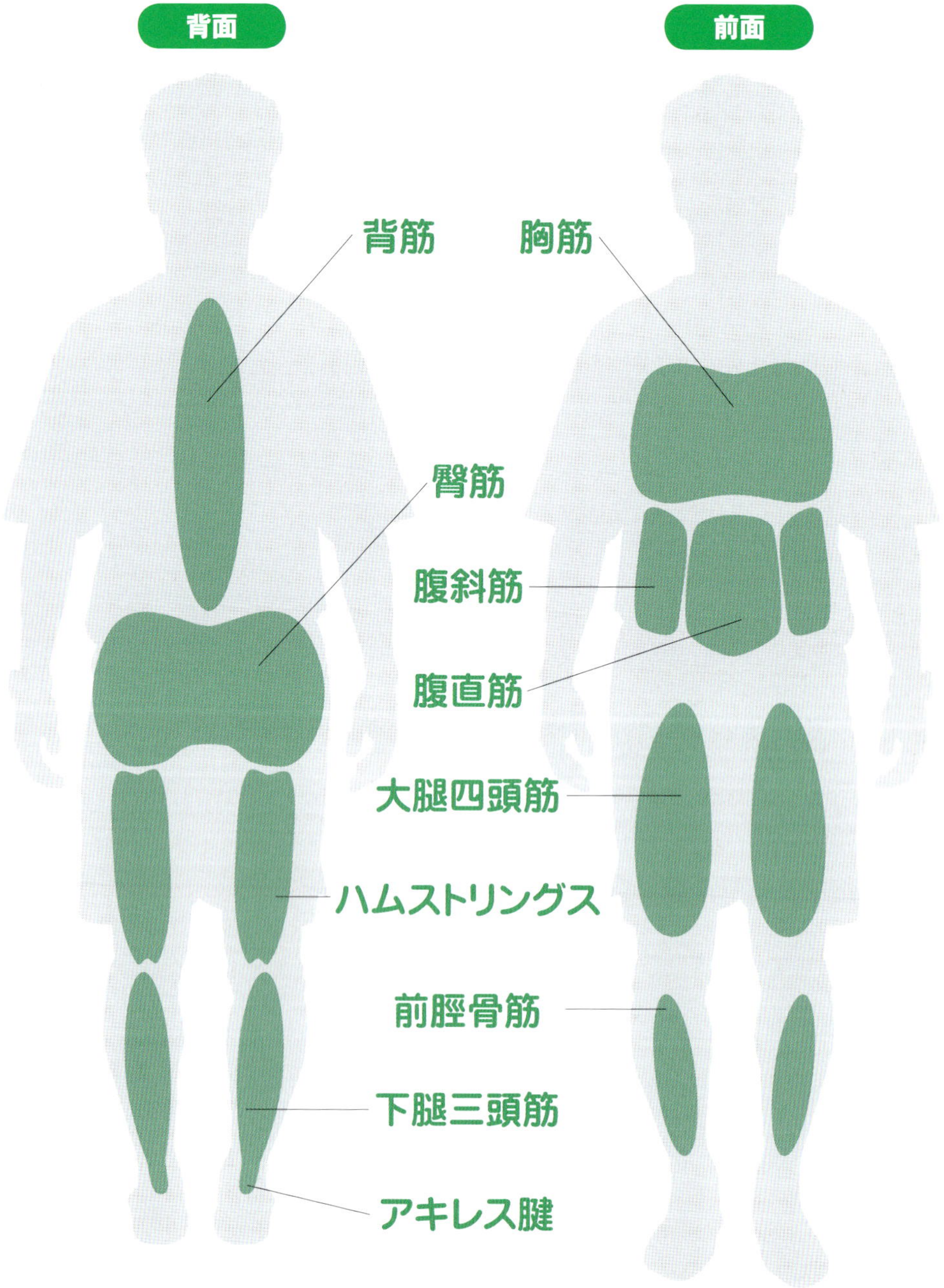
背面
前面
背筋
胸筋
臀筋
腹斜筋
腹直筋
大腿四頭筋
ハムストリングス
前脛骨筋
下腿三頭筋
アキレス腱

「走る力」を高めるフィジカルトレーニング

トレーニング監修・モデル／眞中幹夫（横浜FC）
撮影協力／横浜みなとみらいスポーツパーク

どんなスポーツであっても、トレーニングの目的は「試合でいい結果を出すこと」に尽きる。そして、そのために日々のトレーニングが必要であることはいうまでもないだろう。

たとえばサッカーであれば、もちろんドリブルやキックのテクニックも大切ではあるが、まずは〝90分間走る〟ことが大前提になる。

ここでいう「走る」とは、ただ足の速さや持久力を指すのではなく（もちろんそれらも大切な要素だが）、決定的な場面で動ける力、相手より「1歩」を速く動く力のことだ。

次の1歩を踏み出すには、1つの動作から新たな動作に移るときの姿勢やバランス、また動きに耐えられるだけの筋力や柔軟性も求められる。

そのため「走る力」を身につけるには、ただ走ればいいというわけではなく、カラダのバランスや歩き方といった、もっと基本的なところから見直していく必要がある。

そこでこの章では、実際に横浜FCのユースチームでおこなっているフィジカルトレーニングをベースに、「走る」ために必要な力をつける方法を紹介していく。

どんなスポーツにとっても、カラダの基礎がとても重要だ。これらのトレーニングは、サッカーに限らず他のスポーツをおこなう際にも、きっと役に立つだろう。

● 眞中幹夫（まなか・みきお）

1969年5月22日生、茨城県出身。小学4年生からサッカーをはじめる。茨城大学在学中の4年次に同サッカー部監督の勧めでJリーグ6球団のプロテストを受け、1992年JEF UNITED市原(現JEF UNITED市原・千葉)にプロ選手として入団。1997年よりブランメル仙台(現ベガルタ仙台)、1998年よりNTT大宮サッカー部(現大宮アルディージャ)、1999年より横浜FCでプレーし、プロサッカー選手13年のキャリアを残し2004年に現役引退。2005年より横浜FCU-18コーチ、2006年よりJFAナショナルトレセンコーチを務めている。

実戦で役立つ「走る力」を身につける

トレーニングのポイント 01

トレーニングの考え方

トレーニングを段階ごとに分けてレベルに合った練習をおこなう

基礎体力の底上げが重要

これから紹介するメニューは、1年をシーズン（試合期）とオフシーズンに分け、それぞれの時期に応じて必要なカラダづくりをおこなっていくというトレーニングの考え方に基づいたものである。

これは「ピリオダイゼーション（期分け）」と呼ばれ、スポーツの現場では一般的に取り入れられている方法だ。

たとえば、自分のおこなっているスポーツのシーズンが5月から10月であれば、オフシーズンは11月から4月までの約6ヶ月になる。1ヶ月を移行期間と考えトレーニング期間を5ヶ月とすると、最初の約2ヶ月は基礎体力の底上げ、次

●ピリオダイゼーションの考え方

時期		
オフシーズン		
	鍛錬期	準備期

トレーニングの内容①

鍛《たん》錬《れん》期《き》のトレーニング

走る準備として、すべての動きの基本である立つ、歩くなどの動作（地面をつかむ力）を見直し、カラダのバランスを整える。

また、筋肉と柔軟性はきってもきれない関係。カラダの動きを重視した筋トレで、基礎体力を底上げする。

シーズン

試合期

トレーニングの内容③

試合期のトレーニング

瞬時の判断を必要とするトレーニングで、実戦で役立つ判断力を養う。

トレーニングの内容②

準備期のトレーニング

試合期のトレーニングにいたるまでの準備として、よりスピードを高めるための筋力や瞬発力を強化。

の約3ヶ月でスピードやパワーの強化、さらにシーズンに入ってからは、ミニゲームなどより実戦に近い形でゲーム感覚を養うといったものである。

この本では、それぞれの時期を「鍛錬《たんれん》期」「準備期」「試合期」と呼び、各時期におこなうべきフィジカルトレーニングの狙いと方法を確認していきたい。

ゲームばかりやりたい気持ちはわかるが、基礎体力がなければ効果的な練習を続けることはできない。そのため、「鍛《たん》錬《れん》期」で練習に耐えられるだけのカラダをつくる重要性を覚えておいてほしい。

トレーニングのポイント
02
計画を立てる

1ヶ月、1週間単位でスケジュールを組んでみる

フィジカルトレーニングは2日おきが基本

前ページ（p100―101）で大まかなトレーニングの考え方を紹介したが、実際はオフシーズンであっても、練習試合などを織り交ぜながらカラダを鍛えていくことになるだろう。

そこで、試合のスケジュールをめやすに、1ヶ月、1週間の練習計画を立ててみよう。たとえば毎週土曜日に試合があるとしたなら、前日の金曜日はカラダの調整、試合後の日曜日はリカバリーのため休養に当てる。

残り4日の練習だが、フィジカルトレーニングの疲労は回復に最低でも1日以上かかるので、中2日あけておこなうのがベター。

また、オフシーズンの鍛錬期《たんれんき》では、月曜日と木曜日でフィジカルトレーニングをおこない、火曜日はテクニック、水曜日は戦術の練習に当てるなどが考えられる。

筋力はあせっても、すぐにつくものではない。鍛錬《たんれん》期だからといって、毎日フィジカルトレーニングでは、かえって疲労がたまり、ケガをしてしまうおそれもあるので注意しよう。

●スケジュールの組み方例

鍛錬期

日	土	金	木	水	火	月
休養	練習試合	調整日	フィジカルトレーニング	戦術トレーニング	テクニックトレーニング	フィジカルトレーニング

フィジカルトレーニングは中2日あけておこなうのがベター。鍛錬期なので、練習試合もトレーニングの一環と考える

準備期・試合期

日	土	金	木	水	火	月
休養	試合	調整日	調整日	戦術トレーニング	テクニックトレーニング	フィジカルトレーニング

準備期、試合期は、試合日に疲れを残さないように週のはじめに負荷の強いトレーニングをおこない、試合日に近づくにつれて、トレーニングを軽くしていく。十分なカラダの回復を考え、試合前２日は調整程度にする。

トレーニングのポイント
03
トレーニングの注意点

トレーニングの目的をしっかり理解してからおこなう

「何のための練習か」を常に意識することが大切

トレーニングをおこなう上でもっとも大切なのは、各練習メニューの「目的」をしっかり理解することだ。

もちろん、練習でできないことが本番でできるはずはないが、練習を〝うまくこなせばいい〟と思わないこと。

目的を考えずにただ動いているだけでは、効果が上がらないどころか、悪い癖をつけてしまうケースも多いので注意が必要だ。

たとえば、この章で紹介したスラローム（p148～153参照）の目的は、上半身を安定させながら、足の切り替え動作だけですばやく加速・減速・方向転換する力を身につけるものだ。

練習では「右から左にジグザグに動く」とコースが決まっているが、実際のゲームになると、相手は右から来るか左から来るかわからない。そこで、常に右でも左でも動けるように、バランスを崩さずおこなうことが、とても大切になるのだ。

練習であっても、常に〝相手がいる〟ことを忘れないこと。そして、「この練習はどんな能力を高めるのか」ということを、考えておこなうようにしよう。

GOOD

上半身が安定していると、
相手に動きが読まれない

BAD

上半身がぶれると、
動き出しの方向が
わかってしまう

目的を忘れて、上半身の支えを使ったような走りでは、たとえ誰より速くても、相手に動きが読まれてしまう走りになる。練習でも、常に「相手がいること」を意識しておこなおう

鍛《たん》錬《れん》期のトレーニング

トレーニングを続けるための"基礎体力"をつける

鍛《たん》錬《れん》期の3つの狙い

立つ・歩く

アライメント（カラダのバランス）
を調整して「立つ力」、
「歩く力」を身につける

P108~113へ

走る

走るための、正しいフォームと
力を身につける

P114~117へ

基礎筋力

自分の体重を利用して
基礎筋力を底上げする

P118~133へ

鍛錬《たんれん》期のトレーニングには、3つの狙いがある。まず、正しい立ち方と歩行の確認（地面をつかむ力）、次に走るための正しいフォームの確認、3つ目は筋力や柔軟性といった基礎体力の底上げだ。

なぜなら、これらの基礎がなく、いきなり速い動きをしても、バランスを崩してうまくいかないどころか、動きに耐《た》えられるだけのカラダの土台がないため、すぐにケガをしてしまうことすらあるからだ。

走る力をつけるには、まず動作の基本である「立つ」「歩く」姿勢から見直すことが必要なのである。それから、走るための正しいフォームを身につけよう。さらに、カラダをぶらさず足を動かすために、体幹部や足の筋肉はもちろんカラダの奥の筋肉まで意識したトレーニングをおこなおう。

タオルギャザー

地面をつかむ力をつける

「立つ」「歩く」など人間の基本動作に必要な足裏の筋肉(足底筋《そくていきん》)を鍛えて、地面をしっかりつかむ力をつけるトレーニング。偏平足《へんぺいそく》が改善され、ネンザなどケガの予防にも効果的。

回数

右足・左足　各10回

タオルを端までたぐりよせて1回とする

イスに座って、床に伸ばしたタオルの端に片足をのせる

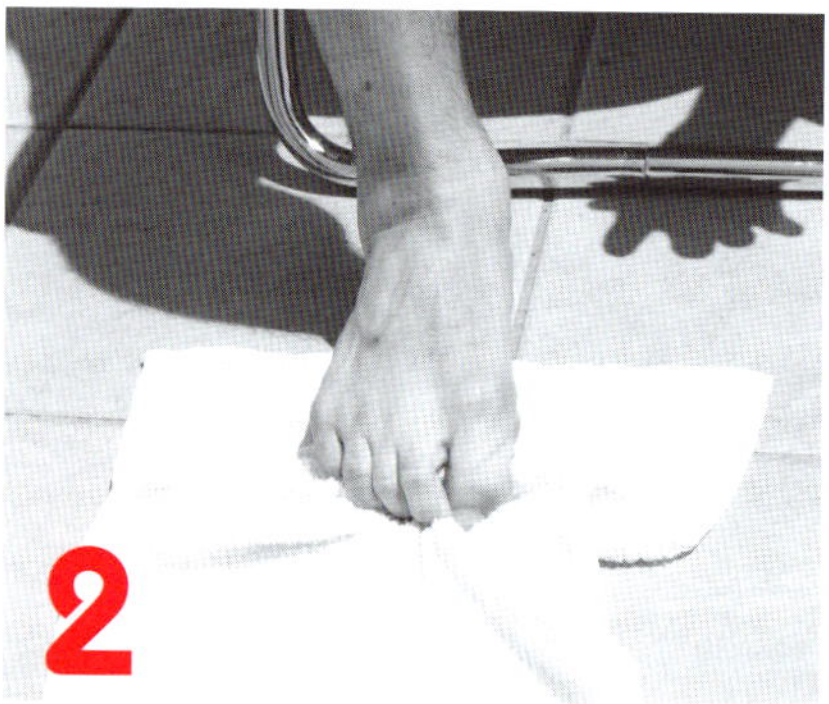

足指でタオルを握るように、自分の方へたぐりよせる

5本の指をしっかり使ってたぐりよせていく

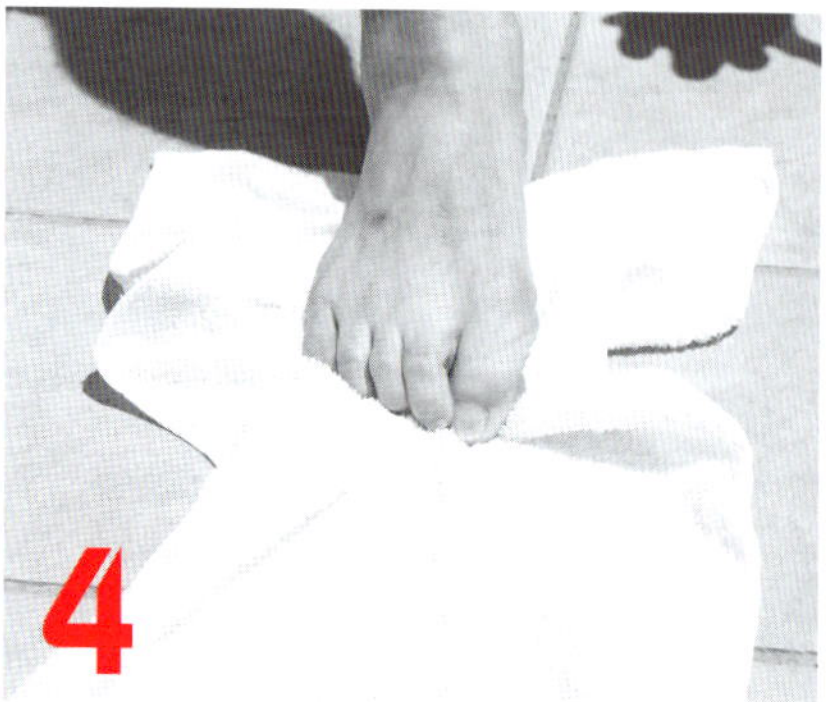

端までたぐって1回とし、左右10回ずつおこなう

バランスディスク

カラダのバランスをアップ

　不安定なものの上に立つことで、カラダの重心や軸を確認しながらバランスを調整する。はじめは立てるようになるまでチャレンジし、慣れてきたら30秒キープ。バランスディスクがない場合は、厚手のクッションなどの上でおこなってみよう。

LEVEL UP

両足で立てるようになったら、片足でチャレンジしてみよう

重心の真下に足を置くイメージで、きちんと立てる位置を探そう

MBTを使用した
トレーニング

正しい立ち方・歩き方を確認

「MBT」という専用のフットウェアを使用しながら、人間の基本動作である「正しい立ち方、歩き方」を確認する。MBTフットウェアは靴底の特殊なつくりにより、不安定な地面に立つ感覚を再現するトレーニング・ギアだ。

また、ここで紹介したP111～115のトレーニングは、MBTフットウェアのかわりに柔らかい土や砂の上を裸足で歩くことでも、同じような効果が得られる。舗装された道路と違い、地面が不安定なので、自然とバランスをとるために全身の筋力が強化される。

MBT(masai Barefoot Technology《マサイ・ベアフット・テクノロジー》)フットウェアとは？

美しい歩行と高い跳躍力《ちょうやくりょく》で知られる、アフリカ・ケニアのマサイ族の歩行にヒントを得たトレーニング・ギア。不安定な靴底が、やわらかい土の上を素足で歩くのと同じ効果をつくりだす。履くことで普段使わない筋肉が活性化されるので、姿勢が改善され、バランスのとれた歩行と走行が身につく。

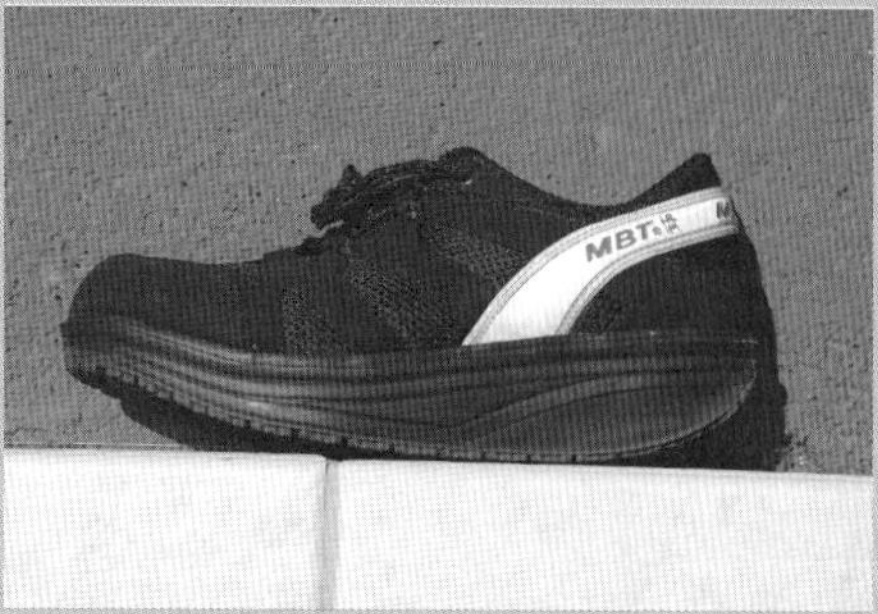

靴底のアーチ形状と、やわらかなヒール部分が、不安定な地面の感覚を再現する

ここで紹介したシューズのお問い合わせは
(株)エバニュー　MBT販売部
http://www.mbt-evernew.com

MBT 01

立ち方

バランスよく立つ

自分ではまっすぐ立っているつもりでも、カラダは意外と傾いているものだ。頭から足先まで1本の軸が通っているつもりで、正しい立ち方をマスターしよう。

耳・肩・腰・ヒザ・足首が、一直線にそろっているのがめやす。誰かに見てもらうか、鏡を使って自分の姿勢をチェックしよう。コートのラインなどをめやすにすると分かりやすい。

ラインが傾いている

頭と胸が下がらないように注意しよう。また、背中を反らせるのも悪い例だ

耳・肩・腰・ヒザ・足首を結んだラインが一直線になるように立ち、カカトの外側に体重を乗せる

MBT 02
足ぶみ

骨盤の動きを意識する

その場で足ぶみをしながら、足を骨盤からしっかり動かすことを意識する。足を動かすことで頭の位置を動かさないように注意しよう。

○ 足は外側に力を入れる意識で、骨盤を上下させながら垂直に動かす

× カラダを反る
姿勢を意識しすぎて背中を反らせないように注意

× カラダが傾く
骨盤まわりの筋力が弱いと、カラダが傾いてしまう

MBT 03 ローリング

足首を強化

つま先からカカトへ、足を前後にローリングすることで足首を強化する。ヒザ、腰、背骨を動かさず、足首を内側に倒さないように注意しよう。

足の外側へ体重を乗せながら全身をつま先側へ預ける

足の外側へ体重を乗せながら、全身をカカト側へ預ける

1
両足を肩幅くらいに開いてまっすぐ立つ

MBT 04 歩行

スムーズな足運びを身につける

走る前の準備として、前へ進むためのカラダの使い方を覚えるトレーニング。脚部や背中の筋力を強化するとともに、関節の柔軟性も高める。

10〜20歩を3セット程度からはじめ、慣れてきたら徐々に時間とセット数を増やしていく。

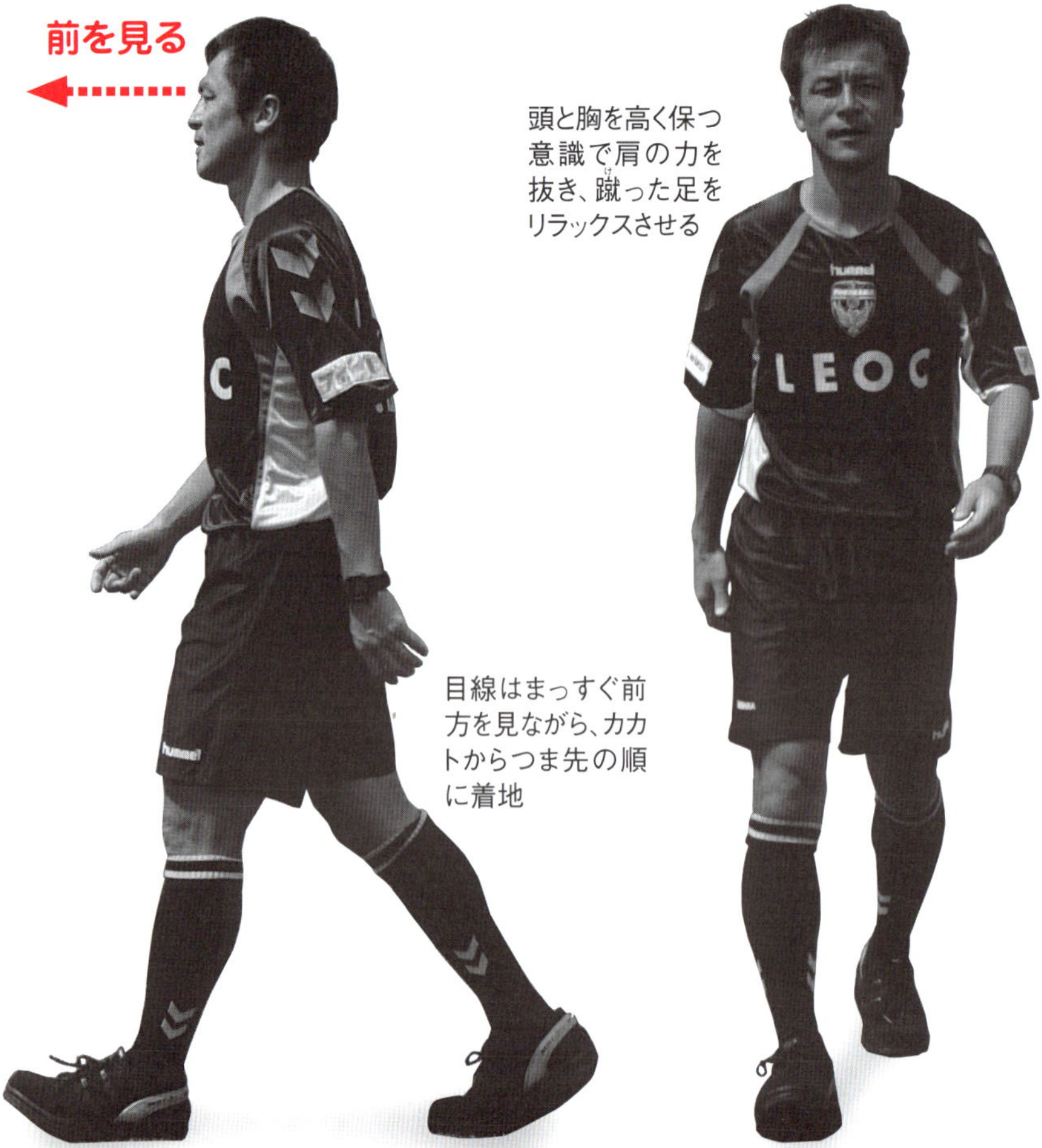
前を見る
頭と胸を高く保つ意識で肩の力を抜き、蹴《け》った足をリラックスさせる
目線はまっすぐ前方を見ながら、カカトからつま先の順に着地

MBT 05

トロッティング

骨盤を正しく使って走る

足幅を狭めてステップの回数を増やしたジョギング。太ももを引きあげて足を上げるのではなく、骨盤から足を動かす。砂浜を走るのと同じ効果があり、正しい骨盤の動かし方が覚えられる。

10～20歩を3セット程度からはじめ、慣れてきたら徐々に時間とセット数を増やしていく。

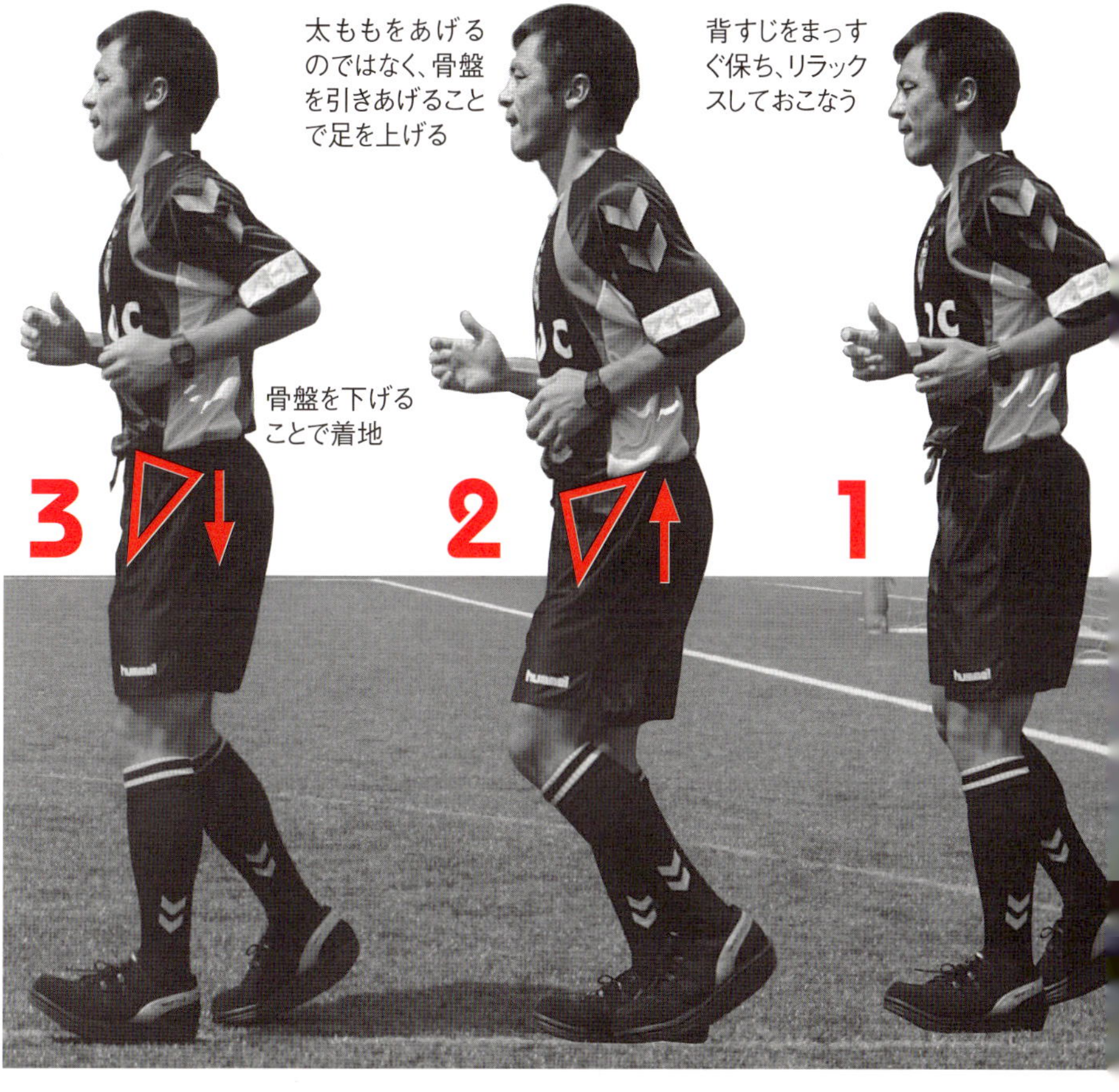

太ももをあげるのではなく、骨盤を引きあげることで足を上げる
背すじをまっすぐ保ち、リラックスしておこなう
骨盤を下げることで着地
3
2
1

鍛錬期のトレーニング
走る

ランニング

持久力と瞬発力を強化

さまざまな距離を走ることで、基礎体力を高め、全身の筋力を上げる。サッカー選手は、90分の試合で約10km走る。実戦に必要な持久力と瞬発力を養う。

持久走（ローパワー）

3000m～10km程度の長距離を走るトレーニングで持久力を養う。ユースの選手であれば、3000mを12分程度で走る

サーキットトレーニング（ミドルパワー）

200m～400m程度の距離を、インターバル（休憩）を入れながら走るトレーニング。インターバルを短くする程負荷が高くなる。バテにくいカラダをつくる

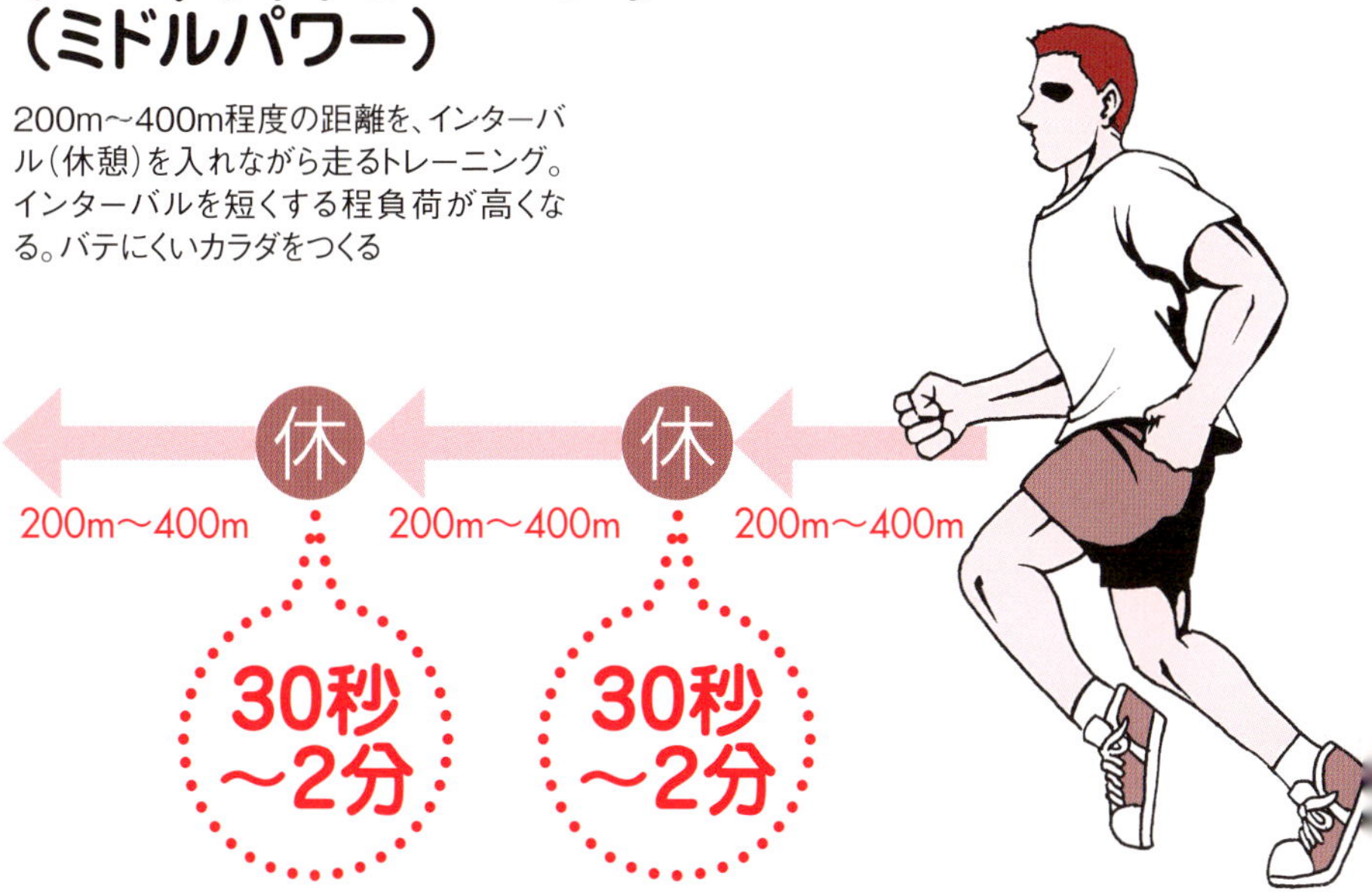

ショートダッシュ（ハイパワー）

10m、30m、50mといった、短い距離をダッシュする。瞬発力を養う

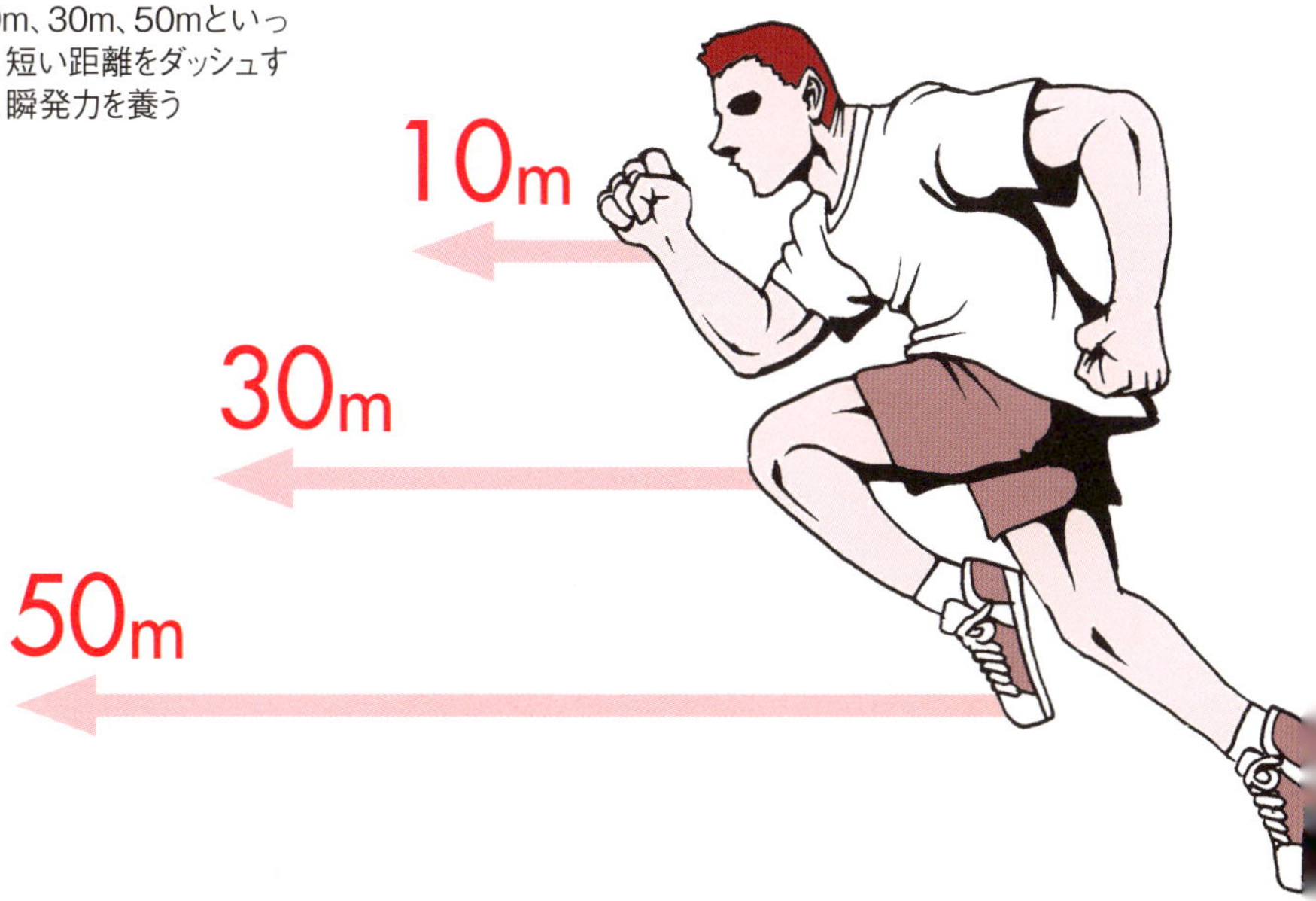

体幹部

腹式呼吸

カラダの奥の筋肉を意識

息を深く吸って、カラダの奥にある筋肉（インナーマッスル）を刺激する。おなかが動いていることを確認しながら繰り返す。このインナーマッスルを意識した状態で、次ページで紹介している腹筋のトレーニングをおこなおう。

回数

50回

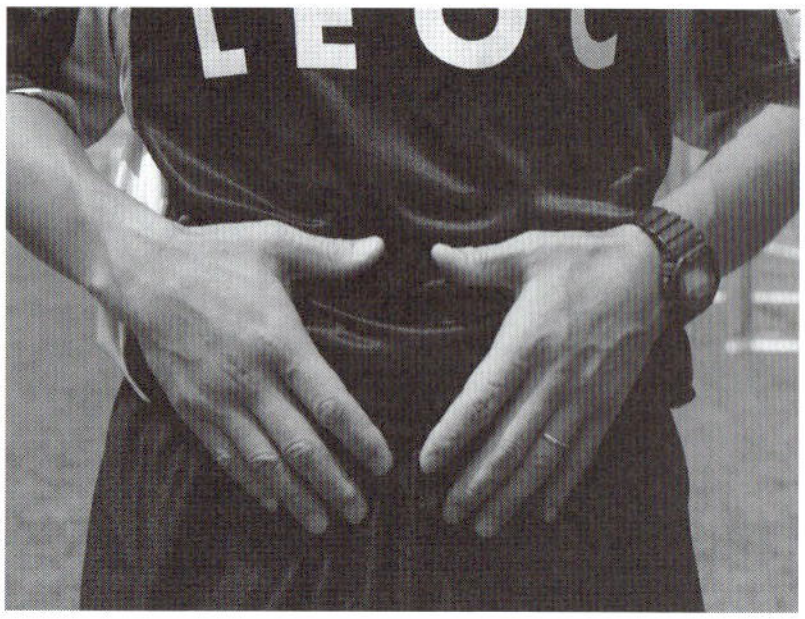

息を吸ったときにおなかをふくらませ、吐いたときにへこませる。手をあてて、おなかが動いていることを確認しよう

体幹部

90度腹筋

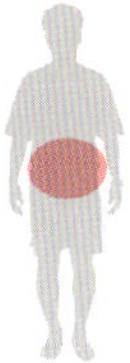

腹筋下部を鍛える

あおむけになって足を上げ、その状態で上体を起こして腹筋の下部を中心に鍛える。上体を上げたまま、しっかり止まることがポイント。

回数
10回×3セット
アゴを引いた状態で5秒キープする

あおむけになり、ヒザを90度に曲げた状態でアゴを引いて5秒キープ

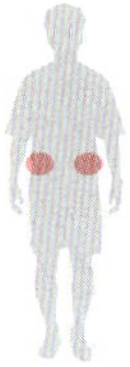

体幹部

腹斜筋

わき腹を鍛える

上体をひねりながら起こすことで、わき腹を中心に鍛える。片側ずつ交互にひねって、左右にバランスのとれた筋力をつけよう。

回数

5回×3セット

左右交互にひねって1回とする

1

頭の後ろで腕を組んであおむけになり、ヒザを90度に曲げる

2

上体をひねりながら上げて、5秒キープ。1度もとに戻り、反対側へも同じようにひねる

ヒザを引き寄せる

上体を起こすときに、ヒザを一緒に引き寄せないように注意。ヒザの角度は90度を保つこと

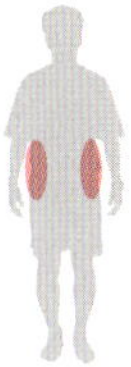

体幹部
側　筋

カラダの側面を鍛える

横向きに寝て足を上げることで、カラダの側面を鍛える。目線は動かさないこと。3秒で上げて3秒で下ろす意識で、ゆっくりとおこなう。

回数

右足・左足 各5回×3セット

片側が終わったら、ポジションを変えて反対の足も同じようにおこなう

1
横向きに寝て、片手で頭を支える

2
下の足を3秒かけてゆっくり上げ、3秒かけて下ろす

天井を見る

足を上げるときに、頭を一緒に動かしてしまわないように注意。顔は常に正面を向いていること

鍛錬期のトレーニング
基礎筋力

体幹部

腕立てふせ

胸の筋肉を鍛える

両手を肩幅より少し広めについた腕立てふせで、胸の筋肉を鍛える。ベーシックな筋トレだが、悪い姿勢でおこなっても効果はないので、正しいフォームでおこなうこと。

回数

10回×3セット

3秒で上げて3秒で下ろす意識で、正しいフォームでゆっくりおこなう

1 うつぶせになり、両手を肩幅より少し広めにつく

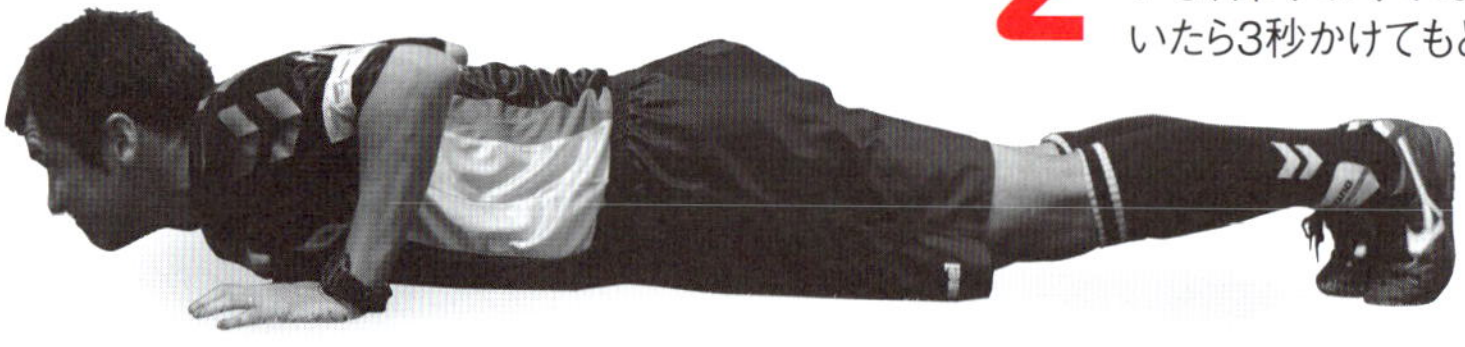

2 腕を3秒かけてゆっくり曲げていき、床すれすれまで胸がついたら3秒かけてもとに戻る

×

背中を反る

上体を上げたときに、おしりが落ちてしまわないように注意

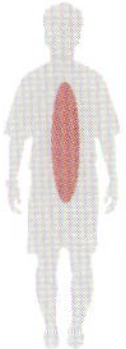

体幹部
背筋

背中の筋肉を鍛える

四つんばいになり、片手と逆の足を上げながらバランスをとる。激しい動きにもぶれないように、カラダの軸を強化するトレーニングだ。

回数
10回×3セット
片手と逆の足を上げて、5秒キープ。交互に上げて1回とする

1
四つんばいになり、右手と左足が一直線になるように伸ばした状態で5秒キープ

2
左手右足も同じようにおこなう

カラダが傾く
肩が落ちたり、腰をひねらないように注意。上げた手足が地面と平行になるようにしよう

下半身

アウフバウ

足の外側の筋肉を鍛える

横向きに寝て、足をさまざまな方向に動かすことで、足の筋肉（外転筋《がいてんきん》）を強化する。ケガの原因となるニーイン（ヒザが内側に入る）現象を防ぐ。

回数

各動作5回×3セット

片足が終わったら、反対の足も同様におこなう

1 横向きに寝て、片手で頭を支える

2 **上下に5回**

上の足を3秒かけてゆっくり上げ、3秒かけて下ろす

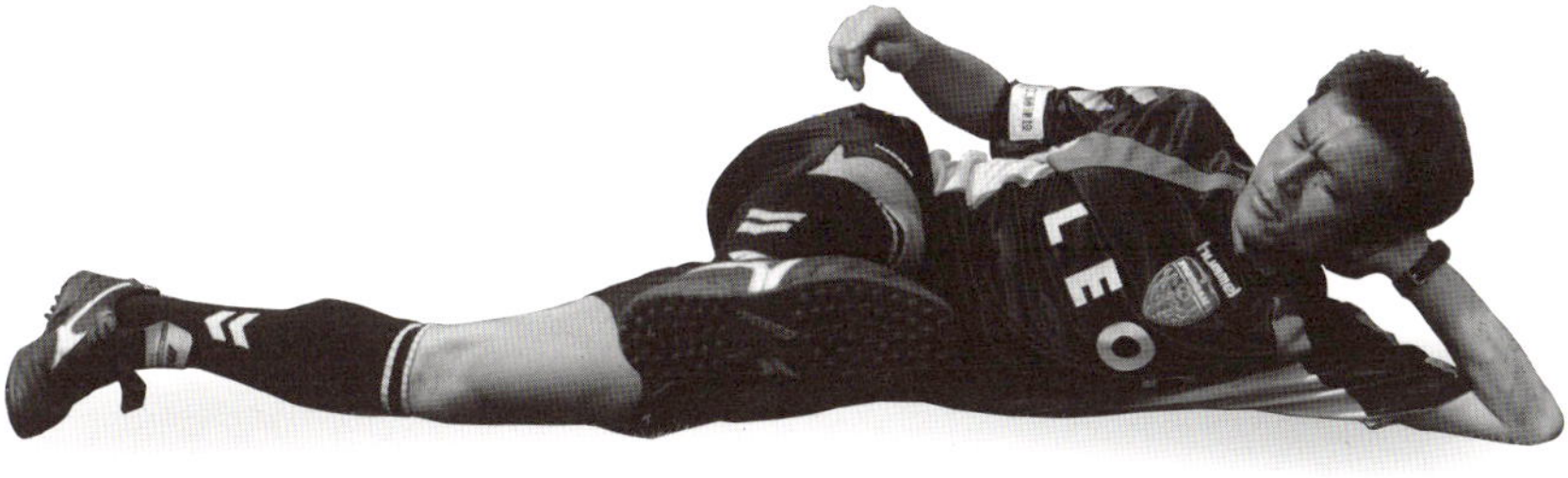

3 前後に5回

上の足を3秒かけてゆっくり前に振り出し、3秒かけてもとに戻る

4 斜め上下にに5回

上の足を前へ振り出した状態のまま、3秒かけてゆっくり上げ、3秒かけておろす

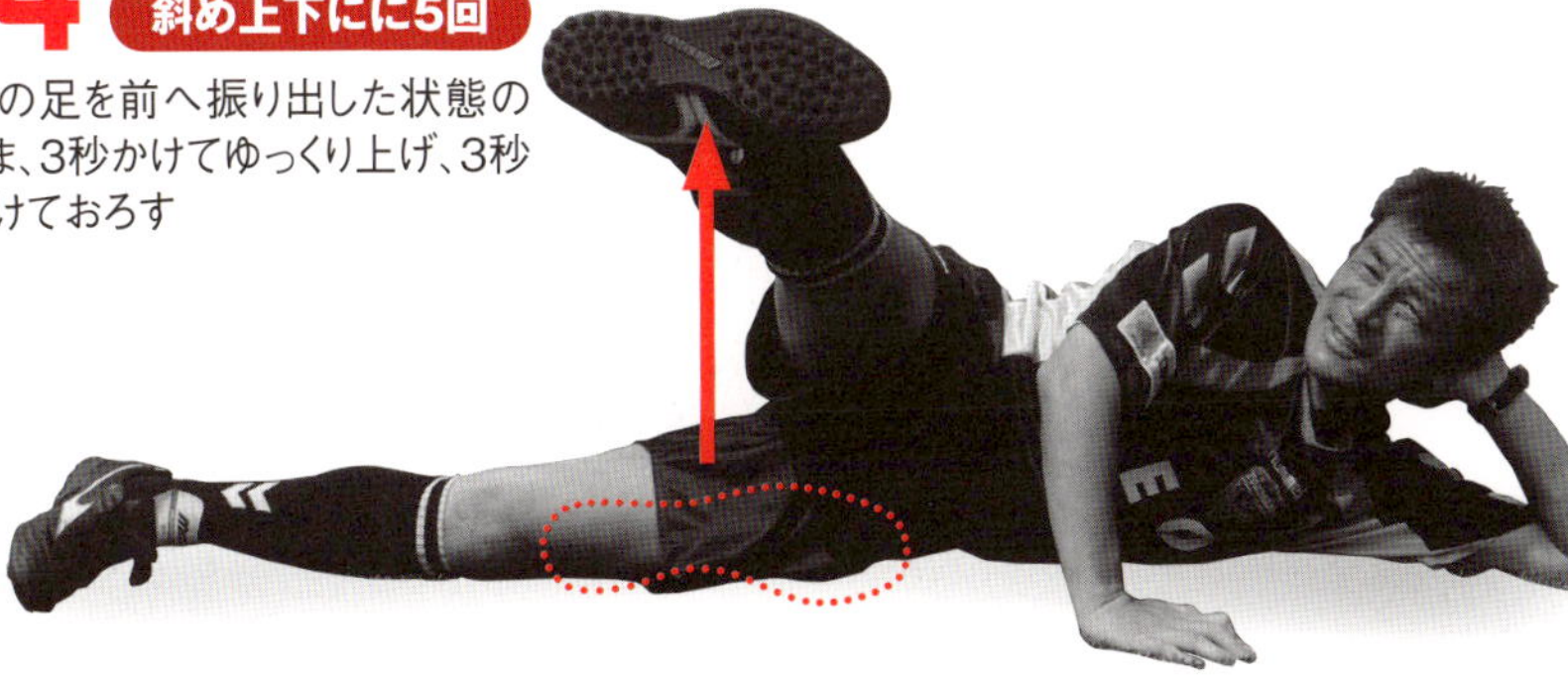

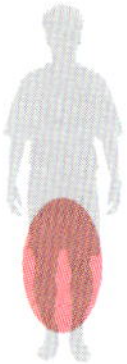

下半身

四つんばい

下半身全体を強化

四つんばいになり、足を様々な方向へ動かすことで、下半身を強化する。

回数

各動作5回×3セット

片足が終わったら、反対の足も同様におこなう

前後に5回

1 四つんばいになり、片ヒザを伸ばして後ろに蹴り上げる

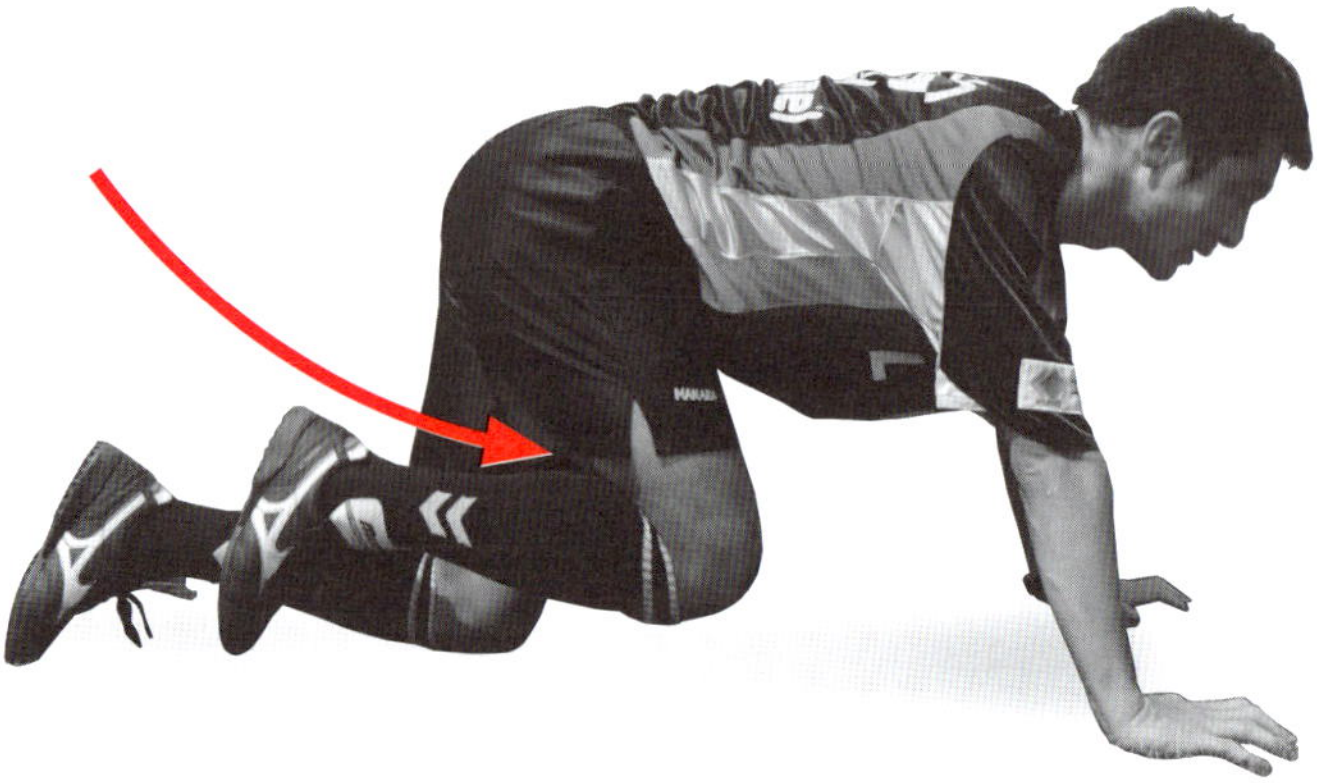

2 上げた足のヒザを曲げながらカラダ側へ引き寄せる

3 横に5回

片足を横に開いて、もとに戻す

4 前まわしに5回

片足を股関節から前へまわす

5 後ろまわしに5回

片足を股関節から後ろへまわす

下半身

スクワット

自分の体重を利用して太もも前面を鍛える

足を肩幅より広めに開いて立ち、ヒザを曲げることで太ももの前面(大腿《だいたい》四頭筋《しとうきん》)を強化する。悪い姿勢でおこなっても効果がないので、正しい姿勢でおこなうことがポイント。

回数

10回×3セット

3秒で曲げて、3秒でもとに戻る意識でゆっくりおこなう

1 両手を頭の後ろで組み、両足を肩幅より少し開いて立つ

2 両ヒザを3秒かけてゆっくり曲げていき、3秒かけてもとに戻る

ヒザの向きをチェック

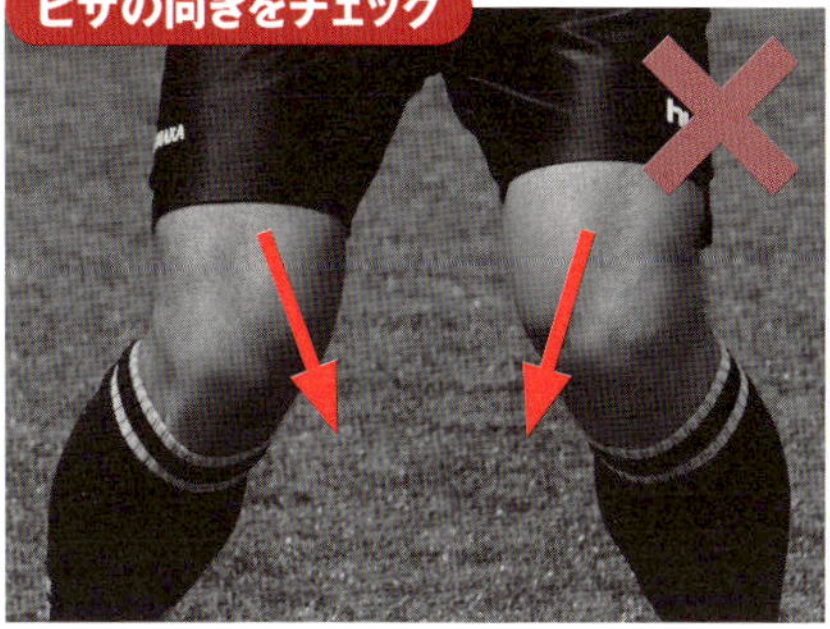

ヒザが内側に入る

曲げたときに内側に入ってしまうと、ヒザを痛める原因になるので注意しよう

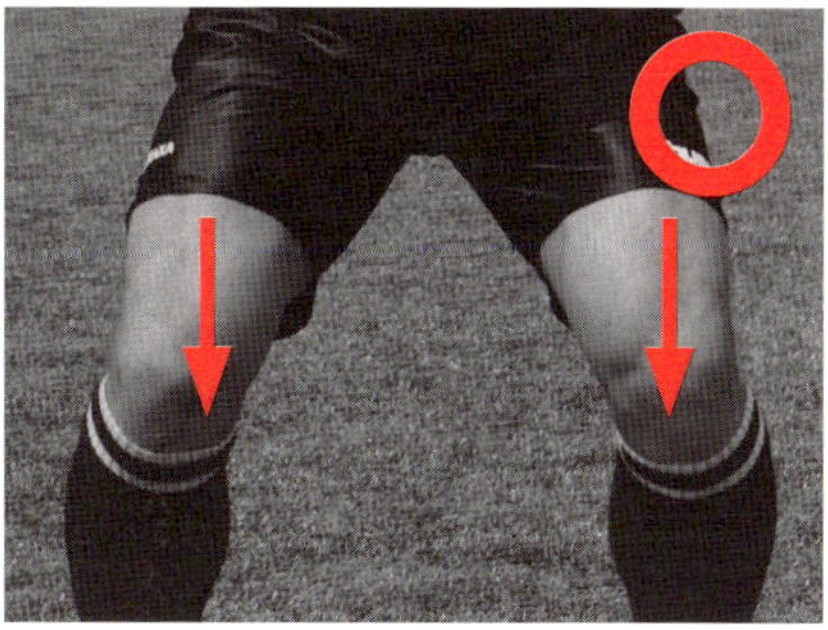

ヒザは垂直に曲げる

ヒザは正面に向けたまま、ゆっくりと曲げていこう

横からの姿勢をチェック

背中が丸まってしまう

おしりを出しすぎると、姿勢が崩れてしまうので注意しよう

ヒザを90度に曲げる

背中のラインをまっすぐに保つ

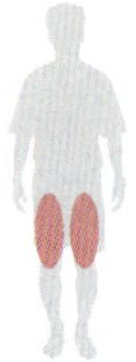

下半身

レッグランジ

正しい姿勢で太もも前面を強化

立った状態から片足をまっすぐ踏み出し、ヒザを90度に曲げることで太もも前面の筋肉(大腿《だいたい》四《し》頭筋《とうきん》)を強化する。ヒザが内側に傾くと、ケガの原因になるので正しい姿勢でおこなおう。

回数

10回×3セット

片足ずつ交互に踏み出して1回とする

1 両手を頭の後ろで組み、両足を揃えて立つ

2 片足を前へ踏み出しヒザを90度まで曲げたら、もとの位置に戻る

ヒザの向きをチェック

ヒザが内側に入る

足を正面につかないと、姿勢が崩れてヒザが内側に入る。ヒザや足首を痛める原因になるので注意しよう

足をまっすぐ踏み出す

踏み出したヒザとつま先は一直線をキープ

前のめりになる

前足に体重をかけすぎて、前のめりにならないように注意。背中は地面と垂直に

下半身

エルボーアウトフット

カラダの軸をつくる

横向きに寝て、片手で上体を支えることで、太ももの外側（外転筋《がいてんきん》）を強化。地面とカラダの間に三角のスペースをつくる意識で、正しい姿勢をキープしよう。

めやす

右側・左側 各3セット

20秒キープして1セットとする

地面とカラダの間に三角のスペースをつくるつもりで、バランスキープ

20秒キープ！

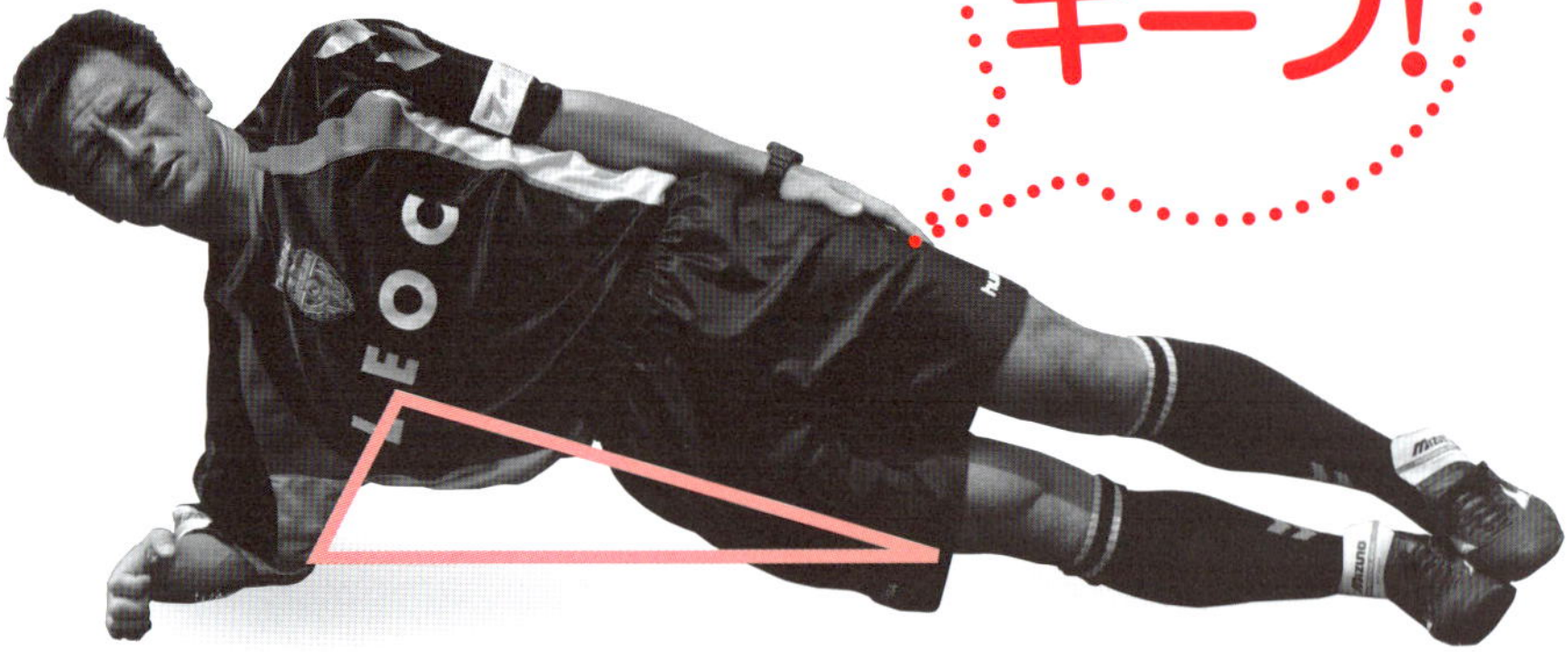

上半身が落ちてしまう

腕の力に頼ると、カラダが崩れてしまう。下半身までしっかり意識することがポイント

下半身

ショルダーヒール

太ももの裏側を強化

あおむけに寝て片足を上げることで、太ももの裏側の筋肉（ハムストリングス）を強化。つま先が下がらないように、足首は90度をキープしよう。

めやす
3 セット
右足・左足を交互に20秒ずつキープして1セットとする

鍛錬期のトレーニング
基礎筋力

1 あおむけになり、カカトと肩を支点に背中を反らせてアーチをつくる。両手はまっすぐ天井方向へ上げ、足首は90度に曲げる

2 両手を上げた状態で、片足を上げ20秒キープ

3 足をかえて、20秒キープ

準備期のトレーニング

パワーとスピードを高める

準備期の2つの狙い

パワー

ジャンプ動作などで、
より瞬間的なパワーを高める

P136~142へ

スピード

ラダーやマーカーコーンを
使用したトレーニングで、
スピードを高める

P143~153へ

準備期のトレーニングには、2つの狙いがある。瞬発力を生み出すパワーと、よりすばやく動けるスピードの強化だ。

ただし、これらのトレーニングは負荷が高いため、基礎体力がないとケガをするおそれがある。鍛錬期のトレーニングで、十分な基礎体力つけた上でおこなうことが大切になる。

バウンディング

脚筋力の強化

　両足で大きくジャンプすることで、瞬間的に力を出す感覚を養い、脚筋力《きゃくきんりょく》を強化する。腕の使い方もポイント。

めやす

5歩

できるだけ遠くへ着地する意識でおこなおう

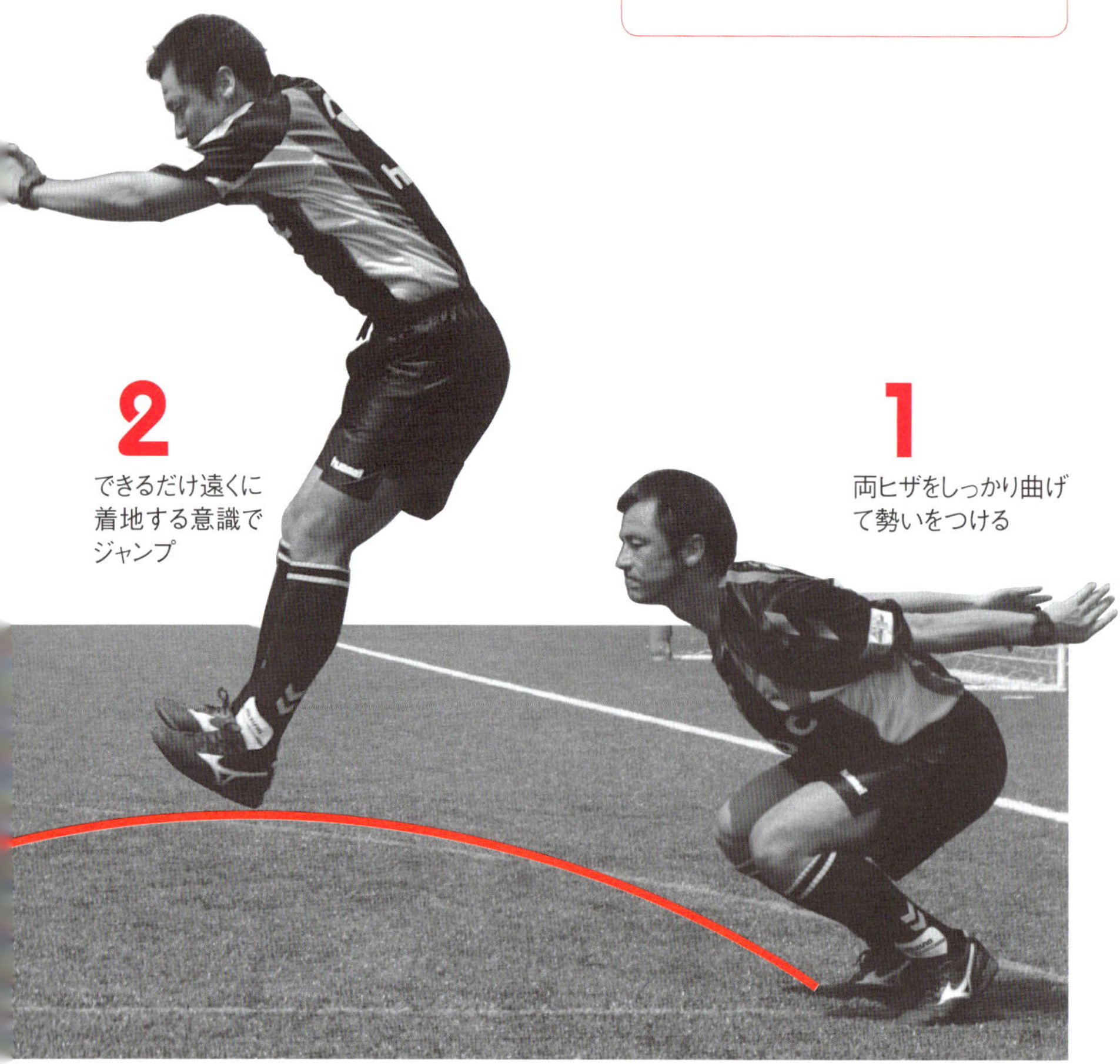

2

できるだけ遠くに着地する意識でジャンプ

1

両ヒザをしっかり曲げて勢いをつける

Variation

片足でバウンディング

片足だけで大きく反動をつけてバウンディングする。
片足でジャンプ、着地するので、より負荷が高くなる

4

ジャンプを繰り返す

3

両足を同時に着地。
ヒザを曲げて衝撃を
吸収

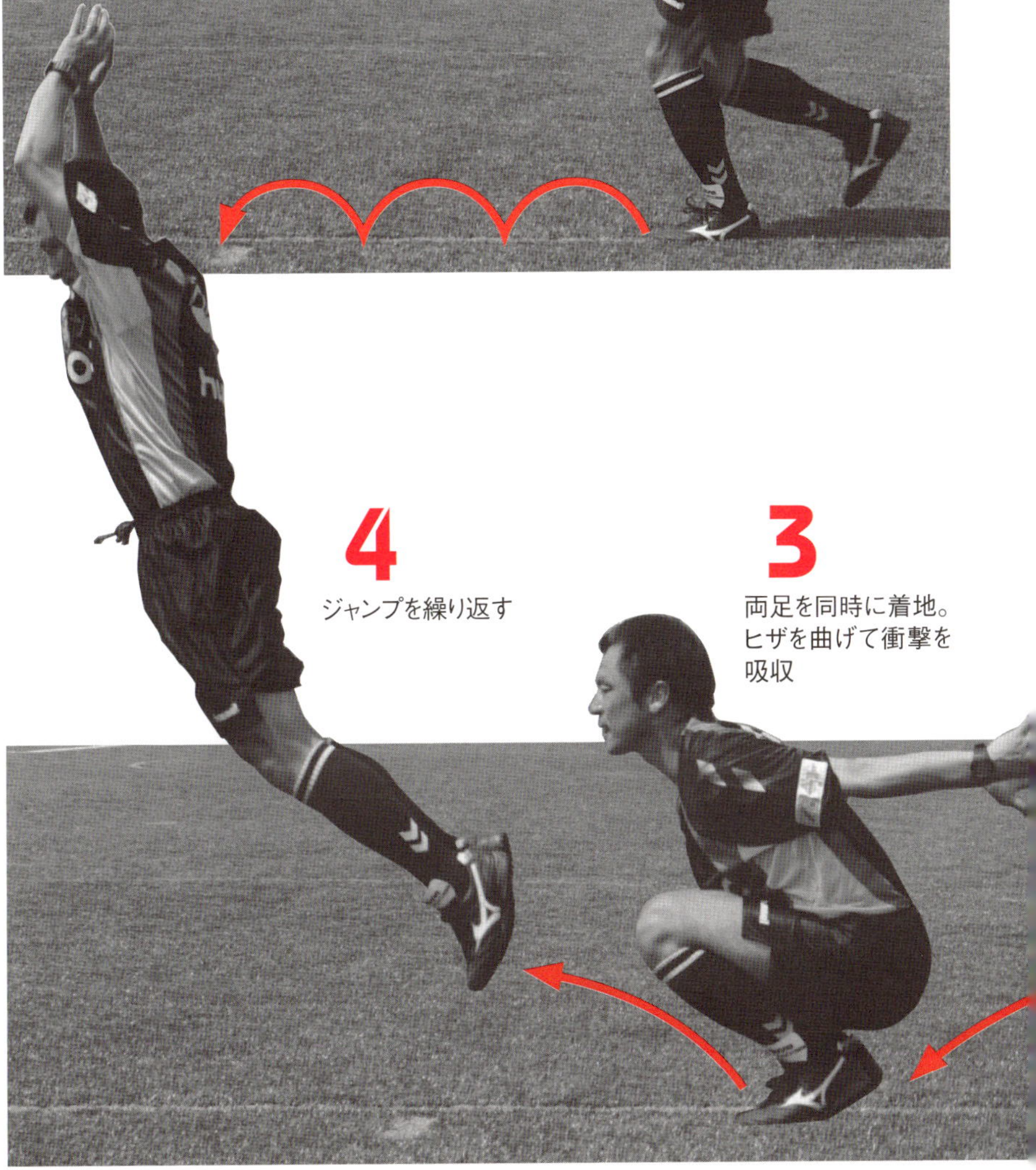

メディシンボール投げ

体幹部とバランスを強化

重さのあるボールを投げることで、体幹部《たいかんぶ》を強化する。左右の腕の力など、バランスが悪いとまっすぐ投げることができないので、カラダの使い方を意識しながらおこなおう。

回数

各動作5回

横投げは左右で1回とする。5mをめやすに、パートナーにキャッチしてもらうとよい

スローイン

頭の上からボールをカラダの正面方向へ投げる

前方へ投げる

腰を落として、ボールを足元からカラダの正面方向へ投げる

横から投げる

カラダをひねって、ボールを横から投げる

後ろ向きで投げる

後ろ向きになり、頭の上からボールをカラダの後ろ側へまっすぐ投げる

真上へ投げる

ボールを頭上に垂直に投げる

成長期のトレーニング

軽いボールで動作を確認

「メディシンボール投げ」は、筋力がついていない時期にいきなり重いボールでおこなうと、カラダを痛めるおそれがある。トレーニングをおこなう順序として、まずは「鍛錬《たんれん》期」の筋力トレーニングで基礎筋力をつけ、それから自分に合った重さのボールを選んでおこなうようにしよう。

中学生など、まだ筋力がついていない段階でこのトレーニングをおこなう場合は、サッカーボールやバレーボールなどの軽いボールを使用するとよい。

この練習は、“カラダの使い方を覚える”という意味で、とても効果的なトレーニングになる。

フリーウエイト

太もも・背中・胸の筋肉をパワーアップ

　フリーウエイトによるエクササイズ。人間のカラダの中で最も大きい3つの筋肉、「ビッグスリー」と呼ばれる大腿筋《だいたいきん》、背筋、胸筋《きょうきん》を強化する。このトレーニングは負荷が強いため、しっかりとした基礎筋力がなければおこなうことはできないが、パワーを強化する上では大切なトレーニングだ。スポーツ選手の間では、日常的に取り入れられている。

デッドリフト

背筋を鍛えるトレーニング

スクワット

大腿筋を鍛えるトレーニング

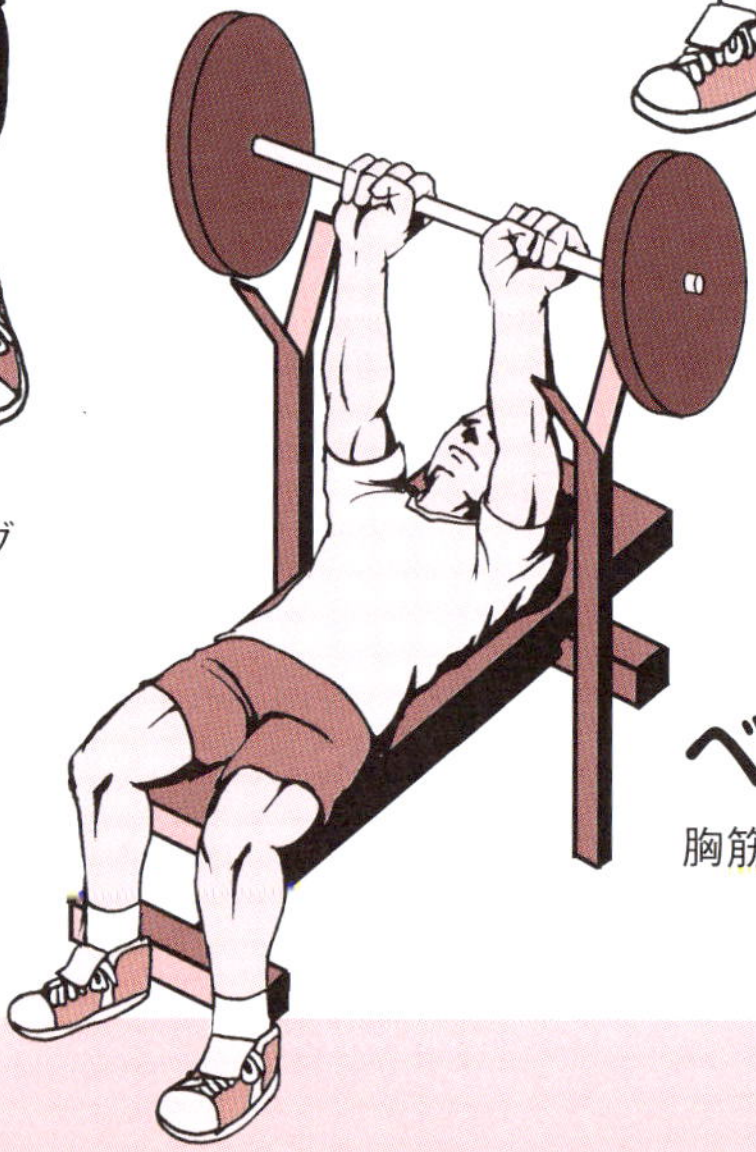

ベンチプレス

胸筋を鍛えるトレーニング

なわとび

筋肉の使い方を意識

ヒザを伸ばしたままジャンプ動作をおこなうなわとびは、エクセントリックな筋肉の使い方を意識できるトレーニング。小刻みに速くとぶことで、敏捷性《びんしょうせい》を高める。

回数

50~100回

接地時間は短く、小刻みに速くとぶ

片足とびや走りとびなど、とび方を工夫しておこなおう

ラダー

敏捷性をアップ

地面に置いたラダー（はしご）の段と段の間を小刻みにステップすることで、敏捷《びんしょう》性《せい》を高める。上半身は動かさず、足だけでおこなうことがポイント。

回数

各往復2回

10m程度のラダーを使用する

2 右足をマスに着地し、左足はラダーの外へ

1 左足をマスに着地

もも上げ

ももを高く上げながら、ラダーのマスを片足ずつ交互に踏む

ジグザグ

左右の足をラダーの中、外とジグザグに着地する。カラダの軸をキープすること

3

右足、左足の順に次のマスに着地し、右足をラダーの外へつく

サイドステップ（ジグザグ）

サイドステップの要領で、左右の足をラダーの中、外とジグザグに着地する。腰のひねりを使ったステップワークがポイント。戻るときはカラダの向きを変えずに、そのまま折り返す

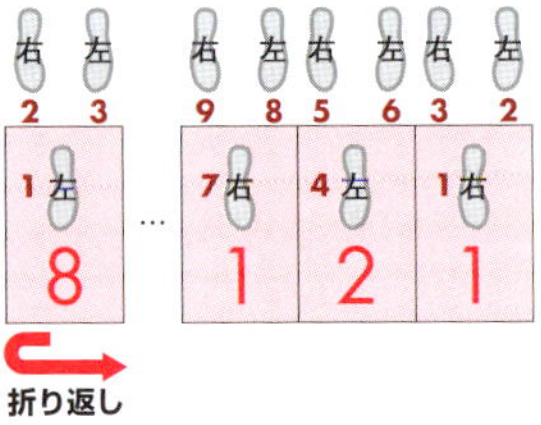

サイドステップ

ラダーと平行に立ち、横を向いたままラダーのマスの間を片足ずつ交互に踏む。戻るときはカラダの向きを変えずに、そのまま左方向へ踏み出す

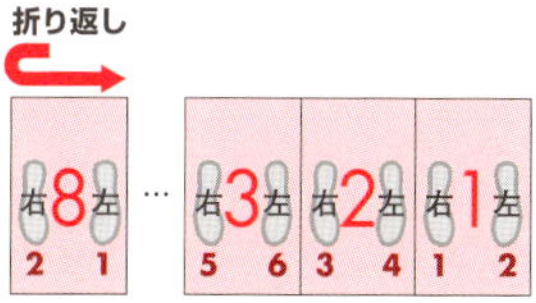

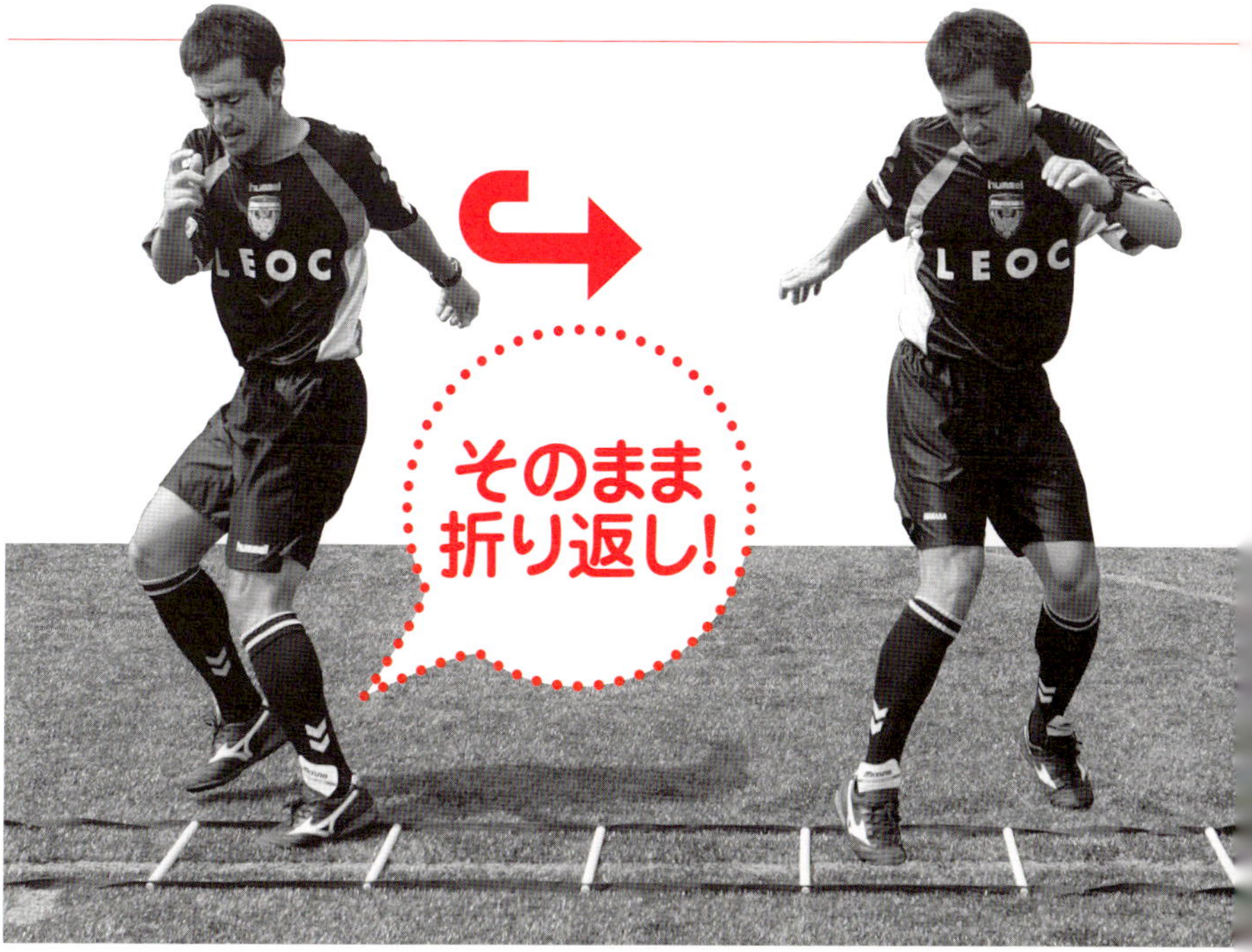

スラローム

加速・減速・方向転換を身につける

コートに10個程度のコーンを並べて、決めたコースを速く走るトレーニング。バリエーションはいろいろあるが、ここでは基本の動きをいくつか紹介する。上体をぶらさずに足の切り替え動作だけで、加速・減速・方向転換する力を身につけるものだ。

正面を向いて走る

ジグザグに置いたコーン
の外側をまわる

スラロームの注意点

できるだけ近くで切り返す

勢いをつけすぎて、まわるときにバランスを崩してしまったり、大きくまわっては意味がないので注意しよう。

カラダが流れる

勢いをつけすぎると、うまく方向転換ができないので注意

カラダの軸をキープ

できるだけコーンすれすれで切り返すことが大切

後ろ向きで走る

後ろ向きに走りながら、ジグザグに置いたコーンの外側をまわる。サッカーのディフェンスなどの練習でよくおこなわれているトレーニングだ

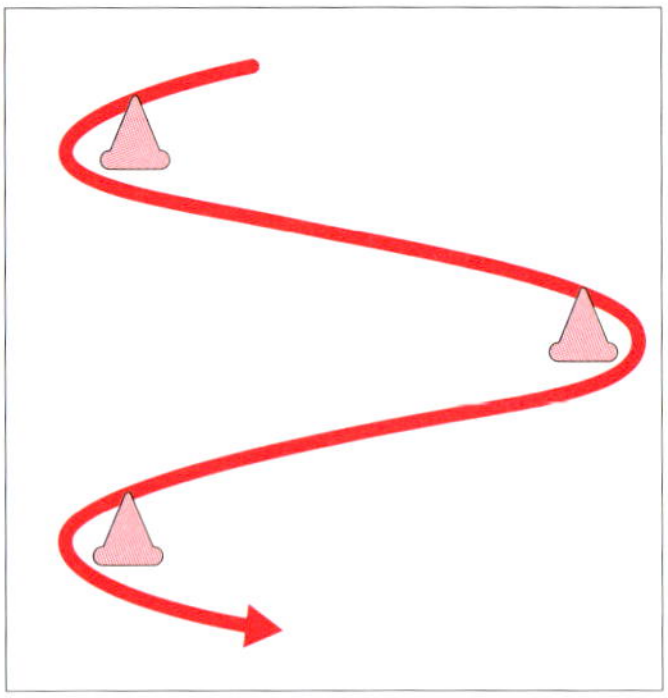

サイドステップ

サイドステップをしながら、
ジグザグに置いたコーン
をタッチしていく

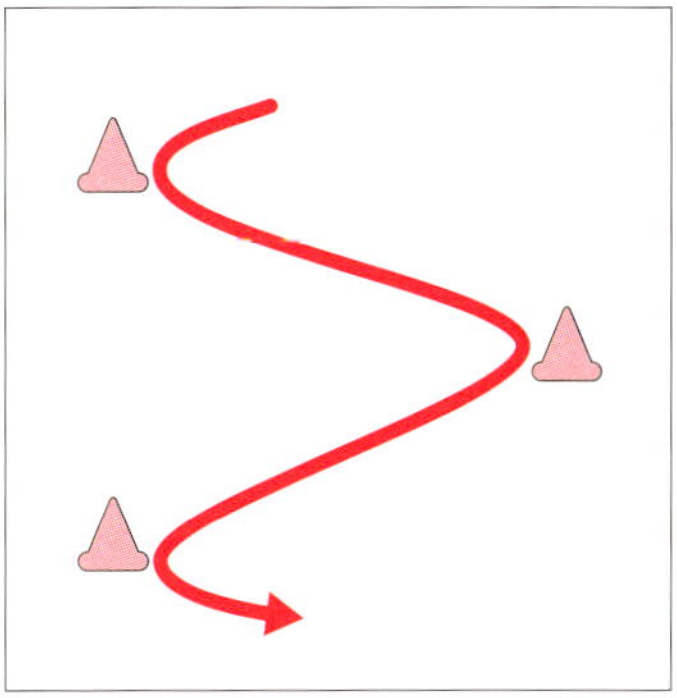

準備期のトレーニング スピード

スラロームのバリエーション

P148～151で紹介したジグザグコース以外にも、コーンの位置を変えればさまざまなコースのバリエーションが設定できる。

ジグザグから直線

スラロームをした後に、そのまま10m程度の直線をダッシュする

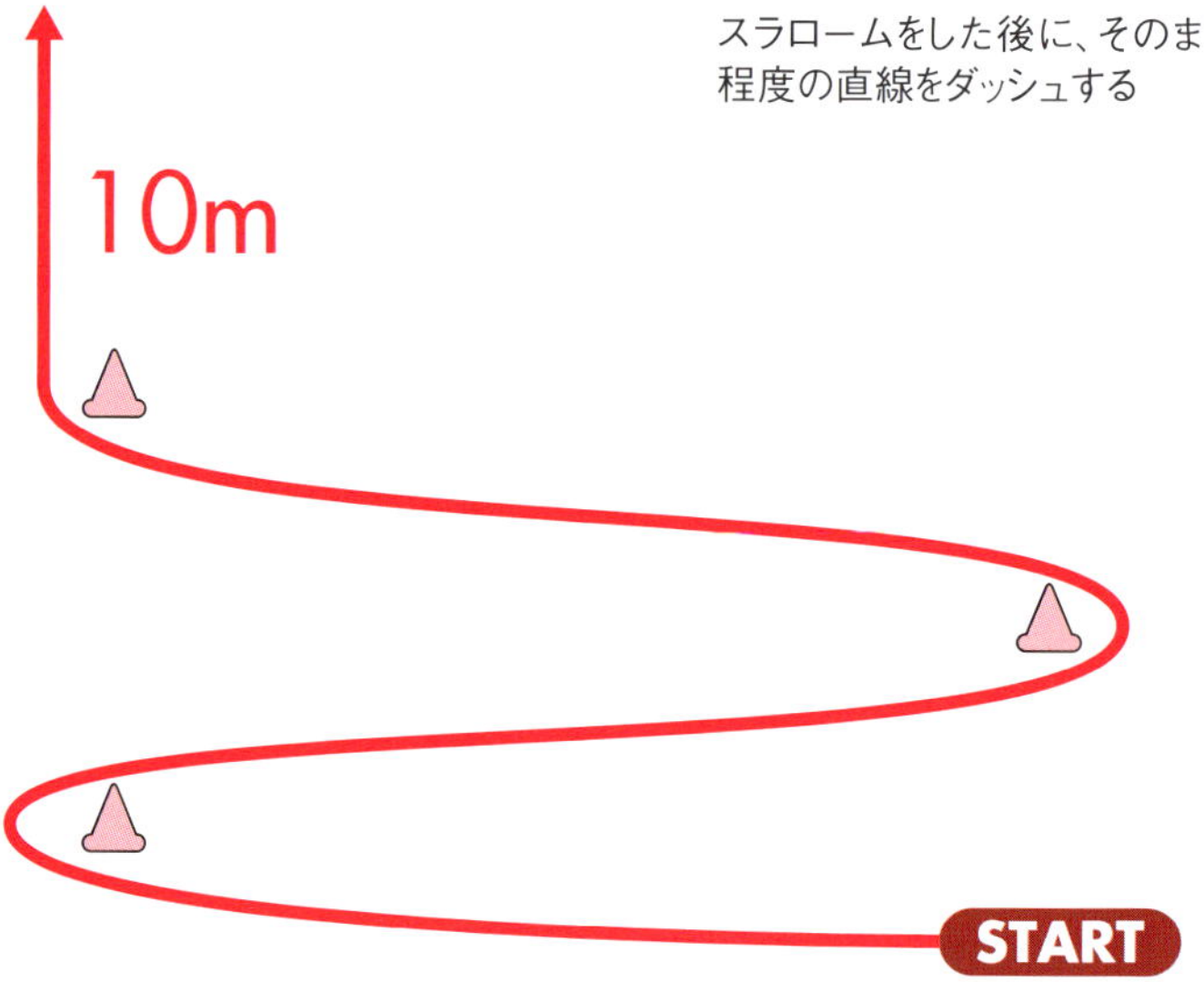

折り返し

3つのコーンを目安に、3つ目のコーンまでいったら2つ目のコーンまで戻り、再び3つ目のコーンへダッシュ

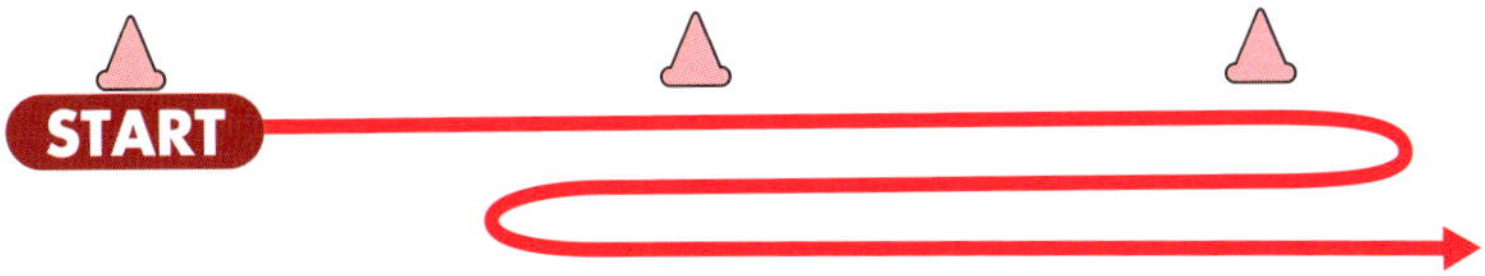

いろいろな動きの組み合わせ

スラロームの間にボールをパスしてもらい、動きを止めずにそれをパートナーに蹴《け》り返す

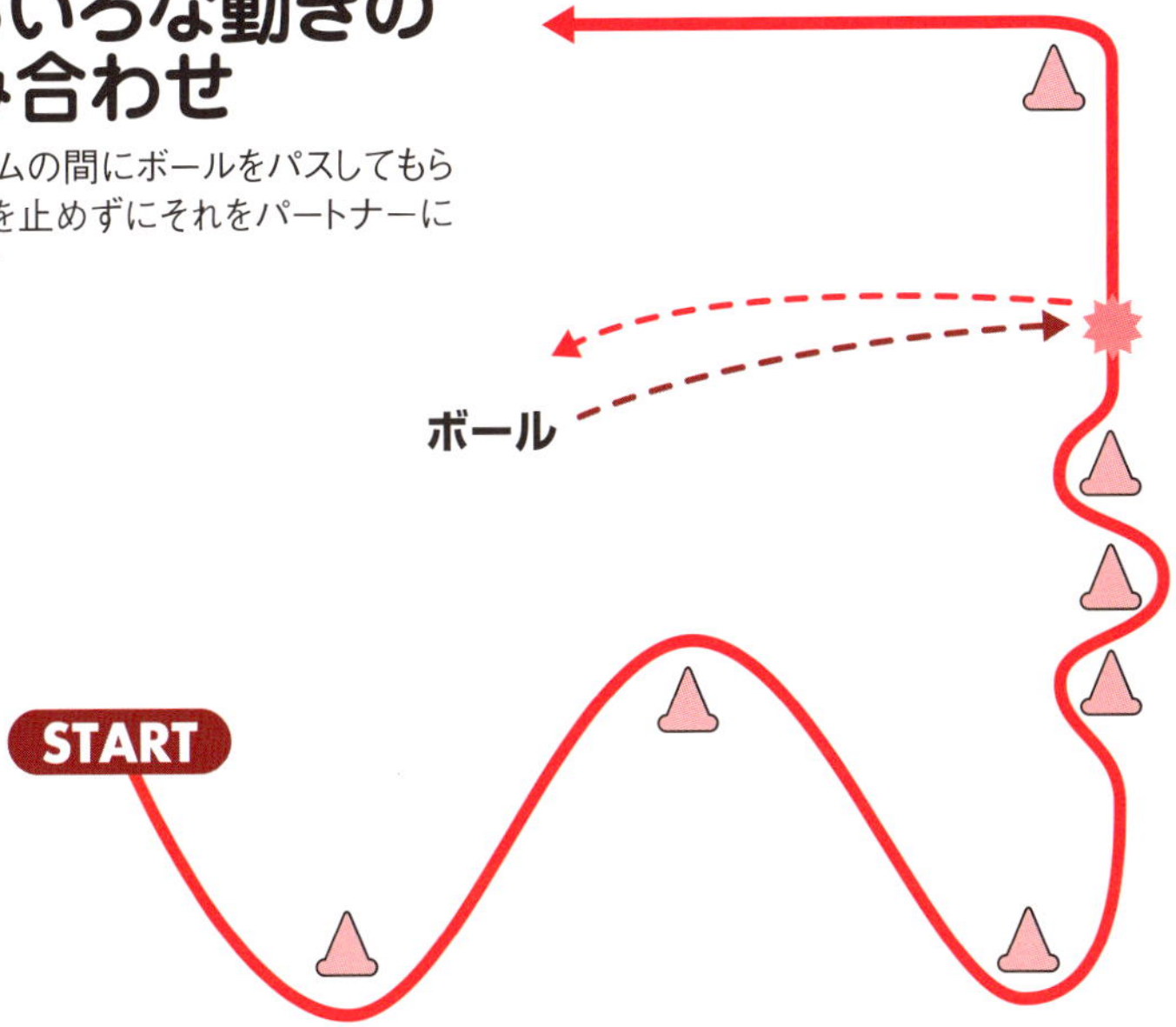

試合期のトレーニング

実戦で必要な判断力をつける

試合期の狙い

ラダーやスラロームなど
複合的な動き

＋

判断力

ある一定の動作を
している中で、
音や色を瞬時に識別し、
試合に必要な判断力を養う

試合期のトレーニングの狙いは、動きの中での「判断力」を養うものだ。ある1つの動作をしている中で、音や色の合図を判断して瞬間的に動くなど、実戦に必要な判断力を高める。

判断力を伴ったトレーニング

動きの中での判断力を養う

ラダーやスラロームなど1つの動きをしているときに、パートナーに音や色で合図を出してもらい、指示された方向へ動くトレーニング。

例1ではラダーのまわりに4つの数字パネルを置き、1人(A)がラダーをしている間にパートナー(B)に4つの数字のうちの1つを言ってもらう。Aは指示された数字の方向へすばやく走る。合図とするものは、数字でも色でも、何でもかまわない。音や色を瞬時に識別することで、試合に必要な判断力を養う。

例1

1つの動作から別の動作へ、すばやく切り替えることがポイント

例2 計算

数字を使ったトレーニングの応用。パートナーに、合図の変わりに「1+1は?」などの問題を出してもらい、その答えの方向へ走る

例3 色

スラロームから瞬時に合図された方向へ動くバリエーション。コーンのまわりに4色のビブスを置き、パートナーも同じ4色のビブスを持つ。パートナーがその中の1つのビブスを上げたら、その色の方向へ走る。コーンの間隔をかえるだけでも、さらにトレーニングのバリエーションが広がる

あとがき

「速さ」があれば余裕が生まれる

日本語の「はやい」には「早い」と「速い」の二つの意味があります。

「早い」は動き出しや仕掛けのタイミングで、「速い」は動きのスピードそのものです。女子ソフトと対戦したプロ野球選手も、初めは、投球動作開始からスイング開始までのタイミングの「早

さ」に合わせられなかったのですが、「タイミングの早さ」に慣れれば、「スィングの速さ」で打てるのです。

マイケル・ジョーダンは「動きのスピード=速さ」が優れているので、相手は「動き出しのタイミングを早く」しなければならないのです。同時に動いたら、「速さ」で負けるから、タイミング的に一歩先に動いてマイケル・ジョーダンと勝負しようとするのです。

「速さ」があれば、タイミングの「早さ」に合わせる余裕が生まれるのです。

本書を通じて、プレー自体の速さ、プレー切り替えの速さ、それを支える身体能力の大切さが分かっていただけたら幸いです。

藤牧 利昭

[監修]

藤牧《ふじまき》 利昭《としあき》（横浜市スポーツ医科学センター）

1949年9月13日生。東京都渋谷区出身。東京教育大学（現・筑波大学）大学院修了。埼玉医科大学講師、同短期大学助教授を経て、現在、横浜市スポーツ医科学センター勤務。多彩な角度から、論理的にスポーツ場面を分析するスポーツ科学者。専門はスポーツ生理学、ランニングの科学。医学博士。

[協力]

横浜市スポーツ医科学センター
横浜 FC
横浜ベイスターズ
横浜みなとみらいスポーツパーク

球技「速く走る」トレーニング

■監修者　藤牧 利昭
■発行者　池田　豊
■印刷所　大日本印刷株式会社
■製本所　大日本印刷株式会社
■発行所　株式会社池田書店
東京都新宿区弁天町 43 番地（〒 162-0851）
電話 03-3267-6821（代表）／振替 00120-9-60072
落丁・乱丁はお取り替えいたします。

ISBN4-262-16234-6

0600011